W0329426

Dr. Hans Hahn

# Kaufmann/Kauffrau im Groß- und Außenhandel

## Kaufmännische Steuerung und Kontrolle, Organisation

Prüfungstrainer Abschlussprüfung
Übungsaufgaben und erläuterte Lösungen

# Aufgabenteil

Bestell-Nr. 423

U-Form Verlag Hermann Ullrich (GmbH & Co) KG

## Deine Meinung ist uns wichtig!

Du hast Fragen, Anregungen oder Kritik zu diesem Produkt?

Das U-Form Team steht dir gerne Rede und Antwort.

Direkt auf

**Facebook.com/Pruefungscheck**

fragen, diskutieren, stöbern und weiteres Wichtige und Wissenswerte rund um Ausbildung erfahren

oder

einfach eine kurze E-Mail an

feedback@u-form.de

**Bitte beachten:**

**Zu diesem Prüfungstrainer gehören auch noch eine Anlage und ein Lösungsteil.**

Sollte es für diesen Prüfungstrainer Änderungen oder Korrekturen geben, so können diese unter **www.u-form.de/addons/423-1.zip** heruntergeladen werden. Ist die Seite nicht verfügbar, so sind keine Änderungen eingestellt!

**Titelbild**

© tom – Fotolia.com



**U-Form Verlag, Hermann Ullrich (GmbH & Co) KG**
Cronenberger Straße 58 · 42651 Solingen
Telefon 0212 22207-0 · Telefax 0212 208963
Internet: www.u-form.de · E-Mail: uform@u-form.de



6. Auflage 2014 · ISBN 978-3-88234-423-3

# Vorwort

Dieser Prüfungstrainer enthält Aufgaben mit erläuterten Lösungen zur Vorbereitung auf die schriftliche Abschlussprüfung des Ausbildungsberufes „Kaufmann/Kauffrau im Groß- und Außenhandel" – nach der Ausbildungsverordnung vom 14. Februar 2006 – für den Prüfungsbereich

**„Kaufmännische Steuerung und Kontrolle, Organisation"**

Für die Prüfungsbereiche „Großhandelsgeschäfte" (nur für Prüflinge mit der Fachrichtung Großhandel) sowie „Wirtschafts- und Sozialkunde" (für alle Prüflinge) bietet der U-Form-Verlag separate Prüfungstrainer.

Der vorliegende Prüfungstrainer besteht aus folgenden Teilen:

- **einem Aufgabenteil (inkl. Kontenplan)**
- **einem Lösungs- und Erläuterungsteil**
- **einer Anlage mit Belegen**

Zur Arbeit mit dem Prüfungstrainer:

Der Prüfungstrainer beinhaltet **10 Aufgabenblöcke.** Die ersten fünf Blöcke beziehen sich auf das Musterunternehmen Franz Klein & Co. KG, einer Baustoffgroßhandlung, die nächsten fünf auf das Musterunternehmen Bürowelt GmbH, einer Bürobedarfsgroßhandlung. Mit diesem Wechsel des Musterunternehmens können Sie die Übertragung von gleichen Sachverhalten auf unterschiedliche Branchen trainieren. Die beiden Musterunternehmen werden vor den Aufgabenblöcken in einer **Situationsbeschreibung** vorgestellt.

Im **Aufgabenteil** finden Sie vor jedem Aufgabenblock **wichtige Bearbeitungshinweise** mit Angaben zur Aufgabenanzahl sowie der veranschlagten Bearbeitungszeit für diesen Block.

Falls Sie zur Bearbeitung der Aufgaben Belege oder den Kontenplan des Musterunternehmens heranziehen müssen, ist dies in der Aufgabenstellung angegeben. Die entsprechenden Belege finden Sie in der **Anlage.** Der **Kontenplan** befindet sich vor Aufgabenblock 1 und sollte zur einfacheren Bearbeitung der Buchungsaufgaben ggf. herausgetrennt werden.

Ihre Ergebnisse tragen Sie direkt in die **Lösungskästchen** neben den Aufgaben ein.

Anschließend können Sie Ihre Ergebnisse mit denen im **Lösungsteil** vergleichen. Dort finden Sie zudem **ausführliche Informationen** und **erläuterte Rechenwege** zu allen Aufgaben.

*Autor und Verlag wünschen Ihnen viel Erfolg bei Ihrer Prüfung!*

# Inhaltsverzeichnis Aufgabenteil



## Aufgabenblöcke 1 – 5
## Musterunternehmen Franz Klein & Co. KG



## Aufgabenblöcke 6 – 10
## Musterunternehmen Bürowelt GmbH



Die Aufgabenblöcke sind in Anlehnung an die IHK-Prüfung so konzipiert, dass es sich um handlungsorientierte Teilaufgaben handelt, die in einem komplexen Gesamtzusammenhang stehen und unter Vorgabe einer Situationsbeschreibung, Belegen aus der Praxis etc. bearbeitet werden müssen.

**Jeder Aufgabenblock deckt somit mehrere Bereiche der folgenden Prüfungsthemen ab:**

- **Buchen von Geschäftsvorgängen**
- **Kosten- und Leistungsrechnung, Controlling**
- **Zahlungsverkehr und Kredit**
- **Informations- und Kommunikationssysteme**
- **Teamarbeit, Kommunikation und Arbeitsorganisation**
- **Personalwirtschaft**

# Wie sieht die Abschlussprüfung aus?

Die Abschlussprüfung im Ausbildungsberuf „Kaufmann/Kauffrau im Groß- und Außenhandel" gliedert sich in folgende Bereiche:

**Theoretischer Teil (schriftlich)**

| Fachrichtung Großhandel |
|---|
| – **Großhandelsgeschäfte**<br>• ungebundene Aufgaben<br>• 180 Minuten Prüfungszeit<br><br>– **Kaufmännische Steuerung und Kontrolle, Organisation**<br>• überwiegend gebundene Aufgaben<br>• 90 Minuten Prüfungszeit<br><br>– **Wirtschafts- und Sozialkunde**<br>• überwiegend gebundene Aufgaben<br>• 60 Minuten Prüfungszeit |

oder (je nach gewählter Fachrichtung):

| Fachrichtung Außenhandel |
|---|
| – **Außenhandelsgeschäfte**<br>• ungebundene Aufgaben<br>• 180 Minuten Prüfungszeit<br><br>– **Kaufmännische Steuerung und Kontrolle, Organisation**<br>• überwiegend gebundene Aufgaben<br>• 90 Minuten Prüfungszeit<br><br>– **Wirtschafts- und Sozialkunde**<br>• überwiegend gebundene Aufgaben<br>• 60 Minuten Prüfungszeit |

**Für beide Fachrichtungen:**

| Fallbezogenes Fachgespräch |
|---|
| Der Prüfling hat hier eine von zwei ihm zur Wahl gestellten praxisbezogenen Aufgaben zu bearbeiten. Nähere Informationen finden Sie unter § 9 und § 10 der Ausbildungsverordnung. Für die Vorbereitung der gewählten Aufgabe ist eine Zeit von höchstens 15 Minuten vorzusehen. Das Fachgespräch soll die Dauer von 30 Minuten nicht überschreiten. |

## Wie sieht die Abschlussprüfung aus?

Folgende Themengebiete und deren prozentualer Aufgabenanteil sind für den Prüfungsbereich „Kaufmännische Steuerung und Kontrolle, Organisation" lt. AkA-Prüfungskatalog vorgesehen:

| **Kaufmännische Steuerung und Kontrolle, Organisation** | Aufgabenanteil ca. % | Prüfungszeit |
|---|---|---|
| 01 Kaufmännische Steuerung und Kontrolle<br>01 Buchen von Geschäftsvorgängen<br>02 Kosten- und Leistungsrechnung, Controlling<br>03 Zahlungsverkehr und Kredit | 85 | 90 Min. |
| 02 Information und Zusammenarbeit<br>01 Informations- und Kommunikationssysteme<br>02 Teamarbeit, Kommunikation und Arbeitsorganisation<br>03 Personalwirtschaft | 15 | |
| Gesamt | 100 | |

# Arbeitsanleitung für gebundene Aufgaben

Die Aufgabenstellung für den Prüfungsbereich „Kaufmännische Steuerung und Kontrolle, Organisation" erfolgt in gebundener Form.

„Gebunden" oder „programmiert" bedeutet, dass zur Lösung der Aufgabe keine Texte selbstständig formuliert werden müssen. Der Prüfling muss aus vorgegebenen Antworten die richtige(n) auswählen bzw. zuordnen oder in Reihenfolge bringen. Dazu trägt er die Kennziffern der richtigen Antworten in vorgegebene Lösungskästchen ein. Bei Rechenaufgaben oder Aufgaben mit z. B. Datumsangaben sind die Werte i. d. R. eigenständig zu ermitteln und in die Lösungskästchen einzutragen.

Im Wesentlichen gibt es die folgenden Typen gebundener Aufgaben:

## 1. Mehrfachwahlaufgabe

Es werden mehrere Antworten vorgegeben. **Eine** davon ist richtig. Tragen Sie die Kennziffer der richtigen Antwort in das für die Aufgabe vorgesehene Lösungskästchen ein.

**Beispiel**

Bei der Inventur in der Franz Klein & Co. KG wird für einige Artikel ein geringerer Istbestand als Sollbestand ermittelt. Was kann der Grund für diese Differenz sein?

**1.** Beim Wareneingang wurde eine geringere Menge eingetragen als tatsächlich geliefert wurde.
**2.** Beim Kommissionieren wurden zu wenig Waren ausgegeben.
**3.** Warenabgänge wurden versehentlich doppelt erfasst.
**4.** Den Kunden wurde eine größere Menge berechnet als geliefert.
**5.** Ware wurde gestohlen.

Tragen Sie die Kennziffer des zutreffenden Grundes in das Kästchen ein. [5]

## 2. Mehrfachantwortaufgabe

Es werden mehrere Antworten vorgegeben. Davon sind **mehrere** richtig. Die Anzahl der richtigen Antworten ist in der Aufgabenstellung angegeben. Die Kennziffern der richtigen Antworten tragen Sie in die für die Aufgabe vorgesehenen Lösungskästchen ein. In welcher Reihenfolge Sie die Lösungsziffern eintragen, ist beliebig.

**Beispiel**

Welche **drei** der folgenden Aussagen zur Umsatzsteuer sind richtig?

**1.** Ausfuhren der Baustoffgroßhandlung in ein Land außerhalb der EU (Drittland) sind umsatzsteuerfrei.
**2.** Die Umsatzsteuer ist bei Exporten auf der Handelsrechnung auszuweisen.
**3.** Einfuhren aus einem Drittland werden vom Exporteur versteuert.
**4.** Auf Einkäufe aus EU- und Drittländern wird Einfuhrumsatzsteuer erhoben.
**5.** Die von der Zollbehörde erhobene Einfuhrumsatzsteuer ist von der Baustoffgroßhandlung wie die Vorsteuer abzugsfähig.

Tragen Sie die Kennziffern der richtigen Aussagen in die Kästchen ein. [1] [4] [5]

### 3. Zuordnungsaufgabe

Begriffe und Aussagen müssen Fragestellungen, Begriffen bzw. Feststellungen richtig zugeordnet werden. Tragen Sie die Kennziffern der richtigen Antworten in die zur Aufgabe gehörenden Lösungsfelder ein.

**Beispiel**

Prüfen Sie, welche der unten stehenden Sachverhalte gegenüber einem säumigen Kunden der Bürowelt GmbH

**1.** zu einer Hemmung der Verjährung
**2.** zu einem Neubeginn der Verjährung
**3.** weder zu einer Hemmung noch zu einem Neubeginn der Verjährung

führen.

Tragen Sie die Kennziffer der zutreffenden Wirkung in die Lösungskästchen neben den Maßnahmen ein.

**Maßnahmen**

| | |
|---|---|
| a) Antrag auf Zustellung des Mahnbescheides durch die Bürowelt GmbH. | 1 |
| b) Teilzahlung durch den Kunden. | 2 |
| c) Anerkennung von Ansprüchen aus mangelhafter Lieferung, indem die Bürowelt GmbH kostenlos nachgebessert hat. | 3 |
| d) Zahlungsaufschub des Kunden aufgrund einer Vereinbarung mit der Bürowelt GmbH. | 1 |
| e) Gerichtliche Auseinandersetzung mit dem Kunden über einen geltend gemachten Anspruch aufgrund einer mangelhaften Lieferung. | 1 |
| f) Letzte außergerichtliche Mahnung mit Androhung gerichtlicher Schritte. | 3 |

 

### 4. Reihenfolgeaufgabe

Vorgänge und Arbeitsschritte müssen in die geforderte Reihenfolge gebracht werden. Beginnen Sie mit einer 1 für den ersten Vorgang/Arbeitsschritt und nummerieren Sie die darauf folgenden fortlaufend. Tragen Sie die Nummern der Reihenfolge in die zur Aufgabe gehörenden Lösungsfelder ein.

**Beispiel**

Sie bearbeiten die eingehende Post. Darunter befinden sich auch Eingangsrechnungen Ihrer Lieferer.

Bringen Sie Ihre Tätigkeiten beim Bearbeiten dieser Belege in die richtige Reihenfolge, indem Sie die Ziffern 1 bis 6 in die Kästchen hinter den Tätigkeiten eintragen.

**Tätigkeiten**

| | |
|---|---|
| a) Mit Eingangsstempel versehen | 2 |
| b) Ablage des Belegs | 6 |
| c) Öffnen der Eingangspost | 1 |
| d) Weitergabe an die Abteilung „Wareneinkauf“ | 3 |
| e) Sachliche und rechnerische Prüfung | 4 |
| f) Erfassung im Warenwirtschaftssystem mit integrierter Buchung | 5 |

### 5. Offen-Antwort-Aufgabe

Bei diesem Typ handelt es sich i. d. R um Rechenaufgaben. Auch möglich ist das Ermitteln von Datumsangaben, Uhrzeiten etc.

**Beispiel**

Die Bürowelt GmbH verkaufte im letzten Geschäftsjahr 12.650 Stück des Drehstuhls „Ergomat“:

| | EUR |
|---|---:|
| **Umsatzerlöse** | 2.504.700,00 |
| **Wareneinsatz** | 1.480.050,00 |
| **Variable Handlungskosten** | 189.750,00 |
| **Fixe Handlungskosten** | 227.700,00 |

Ermitteln Sie den Deckungsbeitrag je Stück. € 66,00

### 6. Buchführungsaufgaben

Hier gibt es zwei Varianten:

a) Sie erhalten einen Beleg, einen Geschäftsfall oder eine Fragestellung und müssen aus mindestens fünf bereits vorgegebenen Buchungssätzen den richtigen auswählen (s. Mehrfachwahlaufgabe).

b) Bei den sogenannten Kontierungsaufgaben ist zu Belegen bzw. Geschäftsfällen der richtige Buchungssatz selber zu bilden, indem die richtigen Kennziffern (nicht die Kontennummern!) der vorgegebenen Konten ausgewählt werden müssen und getrennt nach „Soll" und „Haben" in das T-Konto einzutragen sind.

Falls auf der Soll- und/oder Habenseite mehrere Kennziffern einzutragen sind, spielt dabei die Reihenfolge der Lösungsziffern auf der jeweiligen Kontenseite keine Rolle.

<u>**Beispiel**</u>

| **Buchungsbeleg-Nr.:** 570 | | | | | **Bürowelt GmbH** |
|---|---|---|---|---|---|
| **Datum** | **Buchungstext** | **Soll** | | **Haben** | |
| | | **Konto** | **EUR** | **Konto** | **EUR** |
| 31.12.2013 | Voraussichtliche Gewerbeertragsteuer-nachveranlagung für das Geschäftsjahr wird auf 15.000,00 EUR geschätzt | ? | 15.000,00 | ? | 15.000,00 |
| **Ausgestellt am:** 27.12.2013 | | **Genehmigt:** 30.12.2013 | | **Gebucht:** 30.12.2013 | |
| Fischer | | Huber | | Felder | |

**Konten**

1. Rückstellungen (072)
2. Aktive Rechnungsabgrenzung (091)
3. Passive Rechnungsabgrenzung (093)
4. Kreditinstitute (131)
5. Sonstige Verbindlichkeiten (194)
6. Periodenfremde Aufwendungen für frühere Jahre (203)
7. Erträge aus der Auflösung von Rückstellungen (276)
8. Gewerbesteuer (421)

Buchen Sie mithilfe der oben angegebenen Konten am 15.02. des neuen Jahres bei Banküberweisung von 13.800,00 EUR gemäß Steuerbescheid.

Tragen Sie die Kennziffern vor den zutreffenden Konten (**nicht** die Kontennummern!) getrennt nach Soll und Haben in das T-Konto ein.

| Soll | | Haben | |
|---|---|---|---|
| | 1 | 4 | 7 |

### Der Lösungsbogen

In der Abschlussprüfung müssen Sie Ihre Ergebnisse der gebundenen Aufgaben in einen separaten Lösungsbogen eintragen. Die genauen Anweisungen zum Ausfüllen dieses Lösungsbogens finden Sie auf dem Deckblatt des Prüfungssatzes.

# Aufgabenblöcke 1 – 5

# Musterunternehmen Franz Klein & Co. KG

## Allgemeine Bearbeitungshinweise

1. Lesen Sie die einzelnen Aufgaben ganz durch, bevor Sie mit der Bearbeitung beginnen, damit Sie den Zusammenhang der Teilaufgaben erkennen und Teillösungen in einer komplexen Handlung miteinander verbinden.

2. Tragen Sie die Lösung in die dafür vorgesehenen Felder ein. Beachten Sie die Rundungshinweise (wenn nichts anderes angegeben ist, ist kaufmännisch zu runden) und die Bezeichnung des gesuchten Ergebnisses in der Aufgabenstellung bzw. am Lösungsfeld.

3. Geforderte Buchungen sind mithilfe des beiliegenden Kontenplans der Baustoffgroßhandlung Franz Klein & Co. KG zu bilden. Eventuell zu berücksichtigende Belege finden Sie in der Anlage. **In den Aufgabenblöcken 1 – 5 sind die zutreffenden Kontennummern dreistellig in die entsprechenden Lösungsfelder einzutragen** (anders als in der Abschlussprüfung, in der Sie nur mit Kennziffern arbeiten müssen). Dies dient dazu, dass Sie sich intensiv mit dem Kontenplan auseinandersetzen müssen und so einen höheren Lerneffekt erzielen können.

   **In den Aufgabenblöcken 6 – 10 buchen Sie wie in der Abschlussprüfung anhand bereits vorgegebener Konten.**

## S Situation zu den Aufgabenblöcken 1 – 5

### Situationsbeschreibung

Sie sind Mitarbeiter/-in in der Franz Klein & Co. KG Baustoffgroßhandlung und zurzeit im Rechnungswesen eingesetzt. Hier werden Sie in die vielfältigen und typischen Arbeiten der Bereiche des Rechnungswesens einbezogen: Kontrolle, Erfassung und Ablage von Belegen, deren kalkulatorische und betriebswirtschaftliche Auswertung.

Ebenso bezieht die Abteilungsleitung Sie in die Jahresabschlussarbeiten ein, wie z. B. in die Inventur, die Erstellung und Bewertung des Inventars, die Gestaltung des Jahresabschlusses und dessen Auswertung zur Gewinnung von Kennzahlen für den Controller.

Bevor Sie mit der Bearbeitung des Aufgabenblocks 1 beginnen, sollten Sie sich einen Überblick über das Unternehmen und die Hinweise zur Bearbeitung verschaffen:

**Informationen über das Unternehmen**

| | |
|---|---|
| **1. Name und Geschäftssitz** | Baustoffgroßhandlung Franz Klein & Co. KG<br>Kölner Straße 1<br>60327 Frankfurt/Main |
| **2. Amtsgericht** | Frankfurt/Main |
| **3. Handelsregister** | HR A 6789 |
| **4. Bankverbindung** | Sparda-Bank, Frankfurt am Main<br>IBAN: DE98500905000053293453<br>BIC: GENODEF1S12 |
| **5. Steuernummer<br>USt-IDNr.** | 612/345/4635<br>DE336594857 |
| **6. Geschäftsjahr** | 01.01. – 31.12. |
| **7. Betriebszweck** | Großhandel für Baubedarf im Hoch- und Tiefbau einschließlich Bedachung und Innenausbau |
| **8. Mitarbeiter** | 60 Mitarbeiter und 5 Auszubildende |
| **9. Abteilungen** | Geschäftsleitung mit Sekretariat, Einkauf, Lager/Logistik, Verkauf/Versand, Rechnungswesen/Controlling, Personal/Verwaltung/EDV |
| **10. Lieferer** | Unterschiedliche Hersteller der Bauindustrie, von denen die Baustoffgroßhandlung Franz Klein & Co. KG alles für den Rohbau, die Bedachung, Außen- und Innenisolierung bezieht. |
| **11. Kunden** | Einzelhändler und Handwerker, die die Bauherren aus privaten und öffentlichen Haushalten in die Ausstellungen unterschiedlicher Baustoffe begleiten, um sie zu beraten. |

1

# Aufgabenblock 1

# 1 Aufgabenblock 1.1 – 1.12

## Bearbeitungshinweise

**Hinweise zum Eintragen Ihrer Ergebnisse:**

Wenn zur Bearbeitung der Aufgabe Belege gefordert sind, ist dies in der Aufgabenstellung angegeben. Die entsprechenden Belege finden Sie in der **Anlage.**

Kontierungsaufgaben lösen Sie mithilfe des **Kontenplans** der Franz Klein & Co. KG auf Seite 13. Tragen Sie die jeweiligen **dreistelligen Kontennummern** der anzusprechenden Konten getrennt nach Soll und Haben in die T-Konten ein.

Bearbeiten Sie den Aufgabenblock 1 ohne fremde Hilfe. Sie wissen, am Prüfungstag sind ein gut schreibender schwarzer oder blauer Kugelschreiber und ein nicht programmierbarer Taschenrechner Ihre einzigen Stützen.

Bearbeiten Sie den Aufgabenblock 1 **ohne Zeitvorgabe** und ohne Bewertungsdruck. Nutzen Sie diese erste „Trainingseinheit" dazu, Ihre Engpässe und Schwachstellen zu erkennen. Ziehen Sie dann den Lösungsband und Ihr Lehrbuch zurate und/oder bitten Sie auch Ihren Lehrer und Ihren Ausbilder im Betrieb gezielt um Unterstützung.

Beginnen Sie aber in diesem Aufgabenblock 1 bereits, die Zeit strategisch zu nutzen und ergebnisorientiert zu arbeiten: Beißen Sie sich nicht an einzelnen Aufgaben fest, sonst sind später am Zeitlimit möglicherweise Aufgaben nicht gelöst, die Sie hätten lösen können.

# Aufgabenblock 1.1 – 1.12

## Aufgabe 1.1

**Ihnen liegen die in der Anlage abgebildeten zwei Belege vor.**

### 1.1.1

Bilden Sie die Buchungssätze mithilfe der Kontennummern des Kontenplans der Franz Klein & Co. KG, indem Sie die entsprechenden dreistelligen Kontennummern direkt in die hier angegebenen T-Konten eintragen.

a) Buchung zu Beleg 1

| Soll | Haben |
|---|---|
| | |
| | |
| | |

b) Buchung zu Beleg 2

| Soll | Haben |
|---|---|
| | |
| | |
| | |

### 1.1.2

Ermitteln Sie aus den beiden Belegen

a) die Anschaffungskosten eines Sacks Zement. € ,

b) den Effektivzinssatz, der dem Skontosatz entspricht. % ,

c) den Umsatzsteuerkorrekturbetrag aufgrund des Skontoabzugs. € ,

d) die absetzbare Vorsteuer aufgrund beider Belege. € ,

### 1.1.3

Prüfen Sie, bis zu welchem Zeitpunkt die Rechnung der Hanauer Zementfabrik AG aufzubewahren ist.

Tragen Sie die Kennziffer der richtigen Lösung in das Kästchen ein!

**1.** Bis zum 13.03.2019
**2.** Bis zum 31.12.2019
**3.** Bis zum 31.12.2020
**4.** Bis zum 13.03.2023
**5.** Bis zum 31.12.2023

## Aufgabe 1.2

**Werten Sie nachstehende Konten der Finanzbuchhaltung der Franz Klein & Co. KG in TEUR aus:**

| S | GuV | | H |
|---|---|---|---|
| Wareneingang | 20.160 | Umsatzerlöse | 35.000 |
| Personalaufwand | 11.200 | Mieterträge | 1.400 |
| Abschreibungen | 840 | | |
| Sonstige betriebliche Aufwendungen | 3.360 | | |
| Jahresüberschuss/Gewinn | 840 | | |
| | 36.400 | | 36.400 |

| S | **Schlussbilanzkonto** | | H |
|---|---|---|---|
| Gebäude, Grundstücke | 1.400 | Eigenkapital | |
| Geschäftsausstattung | 672 | Vollhafter | 1.200 |
| Fuhrpark | 770 | Teilhafter | 1.500 |
| Warenbestand | 420 | Rückstellungen[1] | 380 |
| Forderungen a. LL | 798 | Darlehensschulden[2] | 900 |
| Bankguthaben | 760 | Verbindlichkeiten a. LL | 600 |
| | | Sonstige kurzfristige Verbindlichkeiten[3] | 240 |
| | 4.820 | | 4.820 |

[1] ausschließlich langfristige Rückstellungen
[2] Restlaufzeit: 8 Jahre
[3] gegenüber den Kommanditisten aufgrund der Gewinnverteilung

 

## Aufgabe 1.2

Ermitteln Sie aus den beiden Konten

a) das Anlagevermögen — TEUR

b) das Umlaufvermögen — TEUR

c) das Eigenkapital vor der Gewinnverteilung — TEUR

d) das Fremdkapital — TEUR

e) den Aufwand — TEUR

f) den Ertrag — TEUR

g) den Rohgewinn — TEUR

h) die Barliquidität (eine Stelle nach dem Komma) — % ,

i) die Umsatzrentabilität — % ,

j) die Eigenkapitalrentabilität, bezogen auf das Eigenkapital am Jahresanfang — %

## Aufgabe 1.3

**Ihnen liegt der in der Anlage abgebildete Beleg vor.**

### 1.3.1

**Position 1: Seegers GmbH**

a) Ermitteln Sie den abzugrenzenden Betrag

€ ,

b) Bilden Sie den Buchungssatz für die Mietzahlung unter Berücksichtigung der zeitlichen Abgrenzung

Soll | Haben

### 1.3.2

**Position 2: Detlev Kuendgen e.K.**

a) Wie hoch war der ursprüngliche Rechnungsbetrag an die Firma Detlev Kuendgen e. K.?

€ ,

b) Um welchen Betrag ist die Umsatzsteuer aufgrund der Skontoausnutzung zu berichtigen?

€ ,

c) Wie lautet die Buchung beim Rechnungsausgleich durch die Firma Detlev Kuendgen e. K.?

Soll | Haben

d) Welchem Effektivzinssatz entspricht der Skontosatz, wenn die Zahlungsbedingung lautete:

*Binnen 10 Tagen abzüglich 2 % Skonto, binnen 30 Tagen netto Kasse*?

% ,

## Aufgabe 1.4

**Im Rahmen der Bewertung der Inventurbestände in der Baustoffgroßhandlung Franz Klein & Co. KG sollen Sie festlegen, mit welchem Einzelwert in EUR folgende Wirtschaftsgüter anzusetzen sind:**

a) **Grundstück**, Kölner Straße 1, mit einem Anschaffungswert von 160.000,00 EUR vor 25 Jahren und einem Tageswert von 205.000,00 EUR am Bilanzstichtag.

€ ,

b) Ein **Gabelstapler** mit einem Anschaffungswert von 54.000,00 EUR, vor genau 5 Jahren angeschafft, und einer linearen Abschreibung über eine betriebsgewöhnliche Nutzungsdauer von 12 Jahren.

€ ,

c) **Isolierplatten**, die am 08.10. zum Anschaffungswert von 18,00 EUR gekauft, für die der Verkaufspreis mit 36,00 EUR kalkuliert wurde, die der Lieferer in der neuesten Preisliste für das folgende Geschäftsjahr für 17,80 EUR anbietet.

€ ,

d) Eine **Verbindlichkeit a. LL** gegenüber einem US-amerikanischen Lieferer von verschiedenen Baustoffen aufgrund der Eingangsrechnung über 78.200,00 US-$ bei einem Dollarkurs bei Rechnungserteilung von 1 EUR = 1,35 US-$ und von 1 EUR = 1,30 US-$ am Bilanzstichtag.

€ ,

## Aufgabe 1.5

**Ihnen liegen die in der Anlage abgebildeten vier Belege vor.**

### 1.5.1

Die Belege 1 bis 4 sind mithilfe des Kontenplans der Baustoffgroßhandlung Franz Klein & Co. KG vorzukontieren:

a) Beleg Nr. 1

Soll | Haben

b) Beleg Nr. 2

Soll | Haben

c) Beleg Nr. 3

Soll | Haben

d) Beleg Nr. 4

Soll | Haben

### 1.5.2

Errcchnen Sie

a) aus Beleg Nr. 3 den Umsatzsteuerbetrag

€ ,

b) die absetzbare Vorsteuer aus allen Belegen

€ ,

c) die Umsatzsteuerzahllast aus allen Belegen

€ ,

## Aufgabe 1.6

**Ihnen liegen die in der Anlage abgebildeten zwei Belege vor.**

**1.6.1**

Ermitteln Sie aus den zwei Belegen

a) die Anschaffungskosten des Lkw

€ ,

b) den Abschreibungsbetrag zum 31.12. bei linearer Abschreibung und einer betriebsgewöhnlichen Nutzungsdauer von 12 Jahren, der bei monatsgenauer Berechnung auf das Anschaffungsjahr entfällt.

€ ,

**1.6.2**

Buchen Sie

a) die Rechnung der Auto-Center Miebach GmbH

Soll | Haben

b) die Lastschrift lt. Kontoauszug

Soll | Haben

c) die Abschreibung (Umbuchung)

Soll | Haben

## Aufgabe 1.7

**Das Unternehmen ermittelte für das abgelaufene Geschäftsjahr folgende Werte in EUR:**

| Konto-nummer | Konteninhalt | Soll | Haben |
|---|---|---|---|
| 140 | Vorsteuer | 3.806.000,00 | |
| 180 | Umsatzsteuer | 2.464.000,00 | 6.840.000,00 |
| 301 | Aufwendungen für Waren/Wareneingang | 19.706.000,00 | |
| 302 | Warenbezugskosten | 526.000,00 | |
| 306 – 308 | Lieferernachlässe einschl. Boni und Skonti | | 362.000,00 |
| 390 | Warenbestand (Anfangsbestand) | 483.000,00 | |
| 801 | Umsatzerlöse für Waren/Warenverkauf | 250.000,00 | 35.910.000,00 |
| 806 | Kundennachlässe | 660.000,00 | |

### 1.7.1

Ermitteln Sie unter Berücksichtigung eines Warenendbestandes lt. Inventur von 517.000,00 EUR

a) den Wareneinsatz — TEUR

b) den Nettoumsatz — TEUR

c) den Rohgewinn — TEUR

d) den durchschnittlichen Lagerbestand — TEUR

e) die Umschlagshäufigkeit (auf volle Zahl kaufmännisch runden) — mal

f) die durchschnittliche Lagerdauer — Tage

g) die Umsatzsteuerzahllast des Abschlussmonats — TEUR

### 1.7.2

Bilden Sie mithilfe des Kontenplans die Buchungssätze für folgende Umbuchungen:

| | Soll | Haben |
|---|---|---|
| a) Vorsteuer | | |
| b) Warenbestandsveränderungen | | |
| c) Kundennachlässe | | |

### 1.7.3

Stellen Sie fest, ob durch unten stehende umsatzsteuerpflichtige Geschäftsfälle

**1.** die Vorsteuer gemehrt,
**2.** die Vorsteuer gemindert,
**3.** die Umsatzsteuer gemehrt,
**4.** die Umsatzsteuer gemindert,
**5.** die Zahllast gemehrt,
**6.** die Zahllast gemindert

wird.

Tragen Sie die beiden jeweils zutreffenden Kennziffern in die Kästchen neben den Geschäftsfällen ein.

**Geschäftsfälle:**

| | | |
|---|---|---|
| a) Rücksendung von Dämmstoffen (Isoliermaterial) durch einen Kunden | | |
| b) Verkauf von Dachziegeln auf Ziel | | |
| c) Einem Kunden wird ein Bonus gewährt | | |
| d) Einkauf von Klinkersteinen auf Ziel | | |
| e) Rücksendung von Dämmstoffen (Fall a) an den Lieferer | | |
| f) Ausgleich einer Eingangsrechnung (Dachziegel) unter Abzug von Skonto | | |

## Aufgabe 1.8

**Ihnen liegt der in der Anlage abgebildete Beleg vor.**

### 1.8.1

Ermitteln Sie

a) den Betrag der Rechnung-Nr. 01333 — € ____ , __

b) die Verzugszinsen — € ____ , __

### 1.8.2

Buchen Sie

a) den Ausgleich der Rechnung Nr. 01333 und die Zahlung der Verzugszinsen, die dem Kunden 8 Tage vorher in Rechnung gestellt wurden.

| Soll | | | Haben | | |
|---|---|---|---|---|---|
| | | | | | |

b) die Abrechnung der Bank zum Abschluss des 1. Quartals.

| Soll | | | Haben | | |
|---|---|---|---|---|---|
| | | | | | |
| | | | | | |
| | | | | | |

## Aufgabe 1.9

Welche der folgenden Aussagen treffen zu

1. nur auf aktive Bestandskonten,
2. nur auf passive Bestandskonten,
3. auf alle Bestandskonten,
4. nur auf Aufwandskonten,
5. nur auf Ertragskonten,
6. auf alle Erfolgskonten?

Tragen Sie die Kennziffern der entsprechenden Konten in die Kästchen neben den Aussagen ein!

**Aussagen**

| | |
|---|---|
| a) Auf diesen werden Eigenkapitalmehrungen gebucht. | |
| b) Es sind Unterkonten des Eigenkapitalkontos. | |
| c) Der Saldo steht im Haben und wird auf das GuV-Konto übertragen. | |
| d) Ihre Salden werden im Haben des GuV-Kontos gesammelt. | |
| e) Der Saldo wird auf die Sollseite des SBK eingetragen. | |
| f) Sie haben keinen Anfangsbestand. | |
| g) Sie erteilen Auskunft über die Vermögensänderungen. | |
| h) Auf diesen Konten werden Eigenkapitalminderungen gebucht. | |
| i) Sie haben keinen Endbestand. | |
| j) Der Anfangsbestand steht im Haben. | |

## Aufgabe 1.10

**Sie sollen die Gehaltsabrechnung Mai 2013 für die Mitarbeiterin Anja Klein, 26 Jahre alt, durchführen. Frau Klein ist ledig, kinderlos, rk (9 % KiSt.) und bezieht ein Bruttogehalt von 2.660,00 EUR.**

**Für die Berechnung stehen Ihnen die folgenden Angaben sowie die Abzugstabelle in der Anlage zur Verfügung.**

| **Beitragssätze zur Sozialversicherung (AG und AN gesamt)** | |
|---|---|
| Krankenversicherung<br>(zuzügl. 0,9 % Arbeitnehmersonderbeitrag) | 14,6 % |
| Rentenversicherung | 18,9 % |
| Arbeitslosenversicherung | 3,0 % |
| Pflegeversicherung<br>(zuzügl. 0,25 % für kinderlose Arbeitnehmer über 23 Jahre) | 2,05 % |

Die Ergebnisse sind in nachstehenden Auszug der Verdienstbescheinigung einzutragen und anschließend auszuwerten.

| | | € , | € , |
|---|---|---|---|
| **Bruttogehalt** | | | 2 6 6 0 0 0 |
| **Gesetzliche Abzüge** | | | |
| Lohnsteuer | (s. Abzugstabelle) | | |
| Solidaritätszuschlag | (s. Abzugstabelle) | | |
| Kirchensteuer | (s. Abzugstabelle) | | |
| Krankenversicherung | (Arbeitnehmeranteil) | | |
| Rentenversicherung | (Arbeitnehmeranteil) | | |
| Arbeitslosenversicherung | (Arbeitnehmeranteil) | | |
| Pflegeversicherung | (Arbeitnehmeranteil) | | |
| **Nettogehalt** | | | |
| Sonstige Abzüge | | 0 0 0 | |
| Personalkauf Mai | | 8 2 5 0 | |
| **Auszahlungsbetrag** | | | |
| KV-Arbeitgeberanteil | | | |
| PV-Arbeitgeberanteil | | | |

**Auswertung:**

### 1.10.1

Ermitteln Sie

a) den Arbeitgeberanteil zur Sozialversicherung

€ ___ , __

b) den aufgrund der Gehaltszahlung geschuldeten Gesamtbetrag der Sozialversicherungsbeiträge

€ ___ , __

c) den an das Finanzamt abzuführenden Betrag

€ ___ , __

d) den Gesamtaufwand der Baustoffgroßhandlung F. Klein & Co. KG aufgrund dieser Gehaltszahlung

€ ___ , __

### 1.10.2

Bestimmen Sie anhand des unten abgebildeten Kalenderauszugs den Fälligkeitstermin

a) der einbehaltenen LSt, SolZ, KiSt

T T M M J J J J

b) der Sozialversicherungsvorauszahlung

T T M M J J J J

| Mai 2013 | | | | | | |
|---|---|---|---|---|---|---|
| **Mo.** | **Di.** | **Mi.** | **Do.** | **Fr.** | **Sa.** | **So.** |
| | | 1. | 2. | 3. | 4. | 5. |
| 6. | 7. | 8. | 9. | 10. | 11. | 12. |
| 13. | 14. | 15. | 16. | 17. | 18. | 19. |
| 20. | 21. | 22. | 23. | 24. | 25. | 26. |
| 27. | 28. | 29. | 30. | 31. | | |

**Feiertage**

1.5. Tag der Arbeit
9.5. Christi Himmelfahrt
20.5. Pfingstmontag
30.5. Fronleichnam

## Aufgabe 1.11

**Folgende Kalkulation einer Betonmischmaschine soll in der Baustoffgroßhandlung Franz Klein & Co. KG vervollständigt und zur Kalkulation von 140 verschiedenen Artikeln desselben Lieferers ausgewertet werden:**

| | A | B | C |
|---|---|---|---|
| 1 | | | EUR |
| 2 | | Listenpreis | |
| 3 | 8% | Rabatt | |
| 4 | | Zieleinkaufspreis | |
| 5 | 2,50% | Liefererskonto | |
| 6 | | Bareinkaufspreis | 138,00 |
| 7 | | Bezugskosten | 12,00 |
| 8 | | Bezugspreis | |
| 9 | 50% | Handlungskosten | |
| 10 | | Selbstkostenpreis | |
| 11 | 12% | Gewinn | |
| 12 | | Barverkaufspreis | |
| 13 | 2% | Kundenskonto | |
| 14 | | Zielverkaufspreis | |
| 15 | 10% | Kundenrabatt | |
| 16 | | Listenverkaufspreis | |

### 1.11.1

Ermitteln Sie

a) den Listenverkaufspreis — € ___ , ___

b) den Bezugspreis — € ___ , ___

c) den Listeneinkaufspreis — € ___ , ___

d) den Kalkulationszuschlag — € ___ , ___

e) den Kalkulationsfaktor (5 Stellen nach dem Komma) — ___ , ___

f) die Handelsspanne — % ___ , ___

## 1.11.2

Die Kalkulation der 140 Artikel soll mithilfe eines Tabellenkalkulationsprogrammes durchgeführt werden (s. folgende Abbildung).

| | A | B | C |
|---|---|---|---|
| 1 | | | EUR |
| 2 | | Listenpreis | |
| 3 | 0,08 | Rabatt | |
| 4 | | Zieleinkaufspreis | |
| 5 | 0,025 | Liefererskonto | |
| 6 | | Bareinkaufspreis | 138 |
| 7 | | Bezugskosten | 12 |
| 8 | | Bezugspreis | |
| 9 | 0,50 | Handlungskosten | |
| 10 | | Selbstkostenpreis | |
| 11 | 0,12 | Gewinn | |
| 12 | | Barverkaufspreis | |
| 13 | 0,02 | Kundenskonto | |
| 14 | | Zielverkaufspreis | |
| 15 | 0,10 | Kundenrabatt | |
| 16 | | Listenverkaufspreis | |
| 17 | | | |
| 18 | | | |
| 19 | Kalkulationszuschlagssatz | | |
| 20 | Kalkulationsfaktor | | |
| 21 | Handelsspanne | | |

Bilden Sie dazu die Formeln, die zur Berechnung

a) des Kalkulationszuschlagssatzes in der Zelle C19,

b) des Kalkulationsfaktors in der Zelle C20,

c) der Handelsspanne in der Zelle C21

hinterlegt sein müssen.

## Aufgabe 1.12

**Aus der Umsatz- und Absatzstatistik entnimmt Herr Klein folgende Daten zum Artikel Brüggener Dachpfannen D 205 Toskana:**

| | Umsatz in EUR | Absatz in Stück |
|---|---|---|
| Vorjahr | 225.500,00 | 82.000 |
| Berichtsjahr | 275.319,00 | 92.700 |

Berechnen Sie

a) die Umsatzsteigerung gegenüber dem Vorjahr in Prozent (auf eine Stelle genau) — % ___ , ___

b) die Absatzsteigerung gegenüber dem Vorjahr in Prozent (auf eine Stelle genau) — % ___ , ___

c) die Preisänderung in Prozent (auf eine Stelle genau) — % ___ , ___

d) den um die Inflationsrate bereinigten Vergleichsumsatz des Berichtsjahres — € ___ , ___

# 2 Aufgabenblock 2

# Aufgabenblock 2.1 – 2.12

## Bearbeitungshinweise

Zur Einstimmung auf den 2. Aufgabenblock sollten Sie sich nochmals einen Überblick über die einzelnen Funktionsbereiche des Rechnungswesens verschaffen.

**Trainieren Sie jetzt auch auf Zeit!**

Im Aufgabenblock 2 haben Sie **ca. 90 Lösungen** zu erstellen. Manche schwieriger und zeitraubender, manche weniger zeitaufwendig und leichter.

In der Prüfung werden von Ihnen zwischen 38 und 45 Lösungen verlangt. Um dieser Realität nahe zu kommen, dürfen Sie für diesen Aufgabenblock die doppelte Zeit für die Bearbeitung in Anspruch nehmen, also **180 Minuten**.

**Hinweise zum Eintragen Ihrer Ergebnisse:**

Wenn zur Bearbeitung der Aufgabe Belege gefordert sind, ist dies in der Aufgabenstellung angegeben. Die entsprechenden Belege finden Sie in der Anlage.

Kontierungsaufgaben lösen Sie mithilfe des Kontenplans auf Seite 13. Tragen Sie die jeweiligen **dreistelligen Kontennummern** der anzusprechenden Konten getrennt nach Soll und Haben in die T-Konten ein.

# Aufgabenblock 2.1 – 2.12

## Aufgabe 2.1

Ordnen Sie die folgenden Tätigkeiten einer Baustoffgroßhandlung den Aufgabenbereichen des Rechnungswesens zu. Kennzeichnen Sie die jeweilige Aussage mit der Ziffer

**1.**, wenn sie der Finanzbuchhaltung

**2.**, wenn sie der Kostenrechnung

**3.**, wenn sie der Statistik

**4.**, wenn sie der Planung und

**5.**, wenn sie keinem der Aufgabenbereiche

zugeordnet werden kann.

a) Der Controller der Baustoffgroßhandlung ruft am Abend eines jeden Arbeitstages den Bestand an liquiden Mittel ab.

b) Der Geschäftsführer lässt sich von seinen Handelsvertretern Informationen über die mögliche Marktentwicklung energiesparender Isoliermaterialien für das kommende Halbjahr geben.

c) Ein Angestellter ermittelt aufgrund zahlreicher Unterlagen den Verkaufspreis für Maschendraht für Gartenzäune.

d) Eine Angestellte erstellt ein Kreisdiagramm, aus dem sich die Anteile der verschiedenen Bundesländer am Gesamtumsatz ergeben.

e) Der Geschäftsführer will in drei Monaten eine Filiale in Dresden eröffnen. Daher stellt er in einer Übersicht alle zukünftig zu erwartenden einmaligen Ausgaben (Investitionen) zusammen.

f) Der Geschäftsführer benötigt vom Buchhalter die Unterlagen zur Erstellung der Steuererklärung.

## Aufgabe 2.2

**Im Rahmen der Inventur sollen Sie folgende Bewertungen in der Baustoffgroßhandlung Franz Klein & Co. KG zum Bilanzstichtag (31.12.) vornehmen:**

a) **Grundstück**

Anschaffungswert im Jahre 2008 .......... 158.000,00 EUR

Verkehrswert zum 31.12.2013 .............. 210.000,00 EUR

Es ist mit einer weiteren Wertsteigerung zu rechnen.

€ ,

b) **Lkw**

Anschaffungswert am 14.01. d. J.

Listenpreis ............................................ 162.000,00 EUR

Sonderrabatt ........................................................ 5 %

Überführungs- und Zulassungskosten ........ 2.100,00 EUR

Kfz-Versicherung ..................................... 4.800,00 EUR

Kfz-Steuer .............................................. 8.500,00 EUR

Geschätzte Leistung .................................. 300.000 km

betriebsgewöhnliche Nutzungsdauer ................ 10 Jahre

Nach Fahrtenbuch wird der Lkw im 1. Jahr .... 65.680 km genutzt.

€ ,

c) **Warenposten**

800 Isolierplatten 1.000 x 500 x 80

Bezugspreis je Stück ....................................... 4,80 EUR

Tageswert zum 31.12. pro Stück ..................... 4,75 EUR

€ ,

d) **Geringwertige Wirtschaftsgüter**

In diesem Geschäftsjahr gebildeter Pool über 150,00 EUR bis 1.000,00 EUR

| Datum | GwG | AK in EUR | Abgang |
|---|---|---|---|
| 25.01. | 1 Schreibtischstuhl | 580,00 | |
| 28.03. | 1 Laptop | 998,00 | |
| 26.06. | 1 Schreibtischlampe | 248,00 | |
| 05.09. | 1 Regal | 776,00 | |
| 14.11. | 1 externe Festplatte | 348,00 | |
| 31.12. | Pool | 2.950,00 | |

€ ,

 

## Aufgabe 2.2

e) **Rückstellung**

Die Reparatur des Flachdaches einer Lagerhalle muss wegen Beschaffung der Materialien in den Monat Januar verschoben werden:

Kostenvoranschlag:

| | |
|---|---|
| Materialien | 17.200,00 EUR |
| Arbeitslohn | 26.800,00 EUR |
| | 44.000,00 EUR |
| + 19 % Umsatzsteuer | 8.360,00 EUR |
| | 52.360,00 EUR |

Mit dem Dachdecker, der die Reparatur ausführen soll, wurde ein Werkvertrag abgeschlossen.

€ ,

## Aufgabe 2.3

**Ihnen liegen die in der Anlage abgebildeten Belege der Tür & Fenster ZENKER GmbH sowie ein Kontoauszug vor.**

### 2.3.1

Kontieren Sie die Belege vor.

Tragen Sie die zutreffenden dreistelligen Kontennummern aus dem Kontenplan der Franz Klein & Co. KG in die nebenstehenden T-Konten ein.

a) Beleg 1

Soll | Haben

b) Beleg 2

Soll | Haben

c) Beleg 3

Soll | Haben

**2.3.2**

Ermitteln Sie

a) den Bezugs-/Einstandspreis einer Tür „Esche weiß“, Artikel-Nummer T 415.

€ ___ , ___

b) den Korrekturbetrag der Vorsteuer aufgrund der Zahlung unter Abzug von Skonto.

€ ___ , ___

c) die insgesamt absetzbare Vorsteuer aufgrund der drei Belege.

€ ___ , ___

## Aufgabe 2.4

**Zum Artikel „AMB Dachpfannen Ligurien“ wurden in den vier Quartalen des letzten Jahres folgende Daten festgestellt:**

| | 1. Quartal | 2. Quartal | 3. Quartal | 4. Quartal |
|---|---|---|---|---|
| Anfangsbestand in Stück | 6.000 | ? | ? | ? |
| Einkäufe in Stück | 150.000 | 150.000 | 150.000 | 150.000 |
| Endbestand in Stück | 8.000 | 7.000 | 7.500 | 5.000 |
| Absatzmenge in Stück | ? | ? | ? | ? |

**Ein Stück dieser Dachpfanne wurde für 4,60 EUR eingekauft und für 8,05 EUR verkauft.**

**Mit Schreiben vom 10.12. hat der Lieferer dieser Dachpfannen eine Preiserhöhung auf 4,75 EUR ab dem 01.01. des folgenden Geschäftsjahres angekündigt.**

Ermitteln Sie zu diesem Artikel

a) die Jahresabsatzmenge

___ Stück

b) den Jahreseinkaufswert

€ ___ , ___

c) den Jahreswareneinsatz

€ ___ , ___

d) den Jahresumsatz

€ ___ , ___

e) den Inventurwert zum Ende des Geschäftsjahres

€ ___ , ___

f) den Kalkulationsfaktor des Artikels für das nächste Geschäftsjahr, wenn der Verkaufspreis beibehalten werden soll (6 Stellen nach dem Komma)

___ , ___

## Aufgabe 2.5

### 2.5.1

Sie werden beauftragt, die zu Beginn des Geschäftsjahres festgelegten Kalkulationszuschlagssätze anhand des GuV-Kontos zum Ende des Geschäftsjahres zu überprüfen und der Geschäftsleitung Ursachen für die Entwicklung und mögliche Steuerungsmaßnahmen für das nächste Geschäftsjahr zu benennen.

**Durchschnittliche Kalkulationssätze seit Jahresanfang:**

Handlungskostenzuschlagssatz: 45 %

Gewinnzuschlagssatz: 7 %

| S | 930 Gewinn- und Verlustkonto der Franz Klein & Co. KG in EUR | | H |
|---|---|---|---|
| 301 Wareneingang | 26.125.000,00 | 801 Warenverkauf | 40.598.250,00 |
| 401/402 Löhne/Gehälter | 7.775.750,00 | | |
| 404 Gesetzliche soziale Aufwendungen | 890.625,00 | | |
| 430 Energie | 997.500,00 | | |
| 440 Werbung | 783.750,00 | | |
| 460 Kosten der Warenabgabe | 653.125,00 | | |
| 481 Bürobedarf | 394.250,00 | | |
| 491 Abschreibungen auf Sachanlagen | 1.045.000,00 | | |
| 060 Eigenkapital | | | |
| | 40.598.250,00 | | 40.598.250,00 |

| S | 060 Eigenkapital | | H |
|---|---|---|---|
| | | 910 EBK | |
| | | Vollhafterkapital | 1.200.000,00 |
| | | Teilhafterkapital | 1.500.000,00 |

Ermitteln Sie

a) die Handlungskosten €

b) den Handlungskostenzuschlagssatz %

c) die Selbstkosten €

d) den Reingewinn €

e) den Gewinnzuschlagssatz %

f) den Rohgewinn €

### 2.5.2

Bilden Sie mithilfe des Kontenplans der Franz Klein & Co. KG die Buchungssätze zum Abschluss folgender Konten:

a) Wareneingang — Soll | Haben

b) Umsatzerlöse für Waren/Warenverkauf — Soll | Haben

c) GuV — Soll | Haben

d) Eigenkapital — Soll | Haben

### 2.5.3

Stellen Sie fest, welche **drei** der folgenden Aussagen zu den Ursachen der Ergebnisentwicklung zutreffend sein können:

1. Gestiegene Gehalts- und Energiekosten
2. Gegenüber dem Vorjahr konnten die Handlungskosten stärker gesenkt werden als der Wareneinsatz.
3. Wegen niedrigerer Umsätze musste der Handlungskostenzuschlagssatz erhöht werden.
4. Die seit Beginn des Jahres festgesetzten Kalkulationssätze konnten wegen gestiegener Bezugspreise am Markt nicht durchgesetzt werden.
5. Verschärfter Wettbewerb

Tragen Sie die Kennziffern der zutreffenden Antworten in die Kästchen ein.

### 2.5.4

Stellen Sie fest, welche **zwei** der vorgeschlagenen Steuerungsmaßnahmen geeignet sind, den durchschnittlichen Handlungskostenzuschlagssatz und den Gewinnzuschlagssatz zu verbessern.

1. Abschluss von Streckengeschäften mit Großkunden
2. Sortimentsbereinigung des tiefen Sortiments, insbesondere Herausnahme von Langsamdrehern.
3. Einrichtung eines modernen Lagersteuerungssystems
4. Verlängerung der Lieferzeiten gegenüber den Kunden
5. Einrichtung eines modernen Warenwirtschaftssystems

Tragen Sie die Kennziffern der zutreffenden Antworten in die Kästchen ein.

 

## Aufgabe 2.6

**In der Baustoffgroßhandlung Franz Klein & Co. KG sind die in der Anlage abgebildeten Belege vorzukontieren und auszuwerten.**

### 2.6.1

**Vorkontierung:**

a) Beleg Nr. 1

Soll | Haben

b) Beleg Nr. 2

Soll | Haben

c) Beleg Nr. 3

Soll | Haben

### 2.6.2

**Auswertung:**

Ermitteln Sie

a) den Nettoumsatz der Franz Klein & Co. KG aufgrund der drei Belege €

b) die Umsatzsteuerschuld aufgrund der Belege 2 und 3 €

c) die Umsatzsteuerzahllast aufgrund der drei Belege €

d) den offenen Posten der Pinsdorf GmbH aufgrund der Belege 2 und 3 €

## Aufgabe 2.7

**Aufgrund eines Erstauftrags des Kunden Josef Weiden e. K. wurden Angaben zu seiner Vermögenslage eingefordert, um seine Bonität zu überprüfen.**

**Postwendend erhielt die Franz Klein & Co. KG folgende Angaben zu seiner letzten Bilanz und Gewinn- und Verlustrechnung:**

| **Angaben zur Bilanz in EUR** | | **Angaben zur GuV-Rechnung in EUR** | |
|---|---|---|---|
| Anlagevermögen | 2.900.000,00 | Umsatzerlöse | 4.800.000,00 |
| Umlaufvermögen | 4.100.000,00 | Wareneinsatz | 2.400.000,00 |
| davon liquide Mittel | 597.000,00 | Betriebsergebnis | 800.000,00 |
| Eigenkapital | 3.850.000,00 | Finanzergebnis | 50.000,00 |
| Schulden | 3.150.000,00 | Außerordentliches Ergebnis | – 200.000,00 |
| davon langfristige | 1.500.000,00 | | |
| kurzfristige | 1.650.000,00 | | |

Berechnen Sie (jeweils auf eine Stelle genau)

a) die Umlaufvermögensintensität % ,

b) die Eigenkapitalquote/-intensität % ,

c) die Liquidität 1. Grades (Barliquidität) % ,

d) die Schuldenintensität % ,

e) die Anlagendeckung I % ,

f) den Rohgewinn €

g) den Reingewinn €

h) den durchschnittlichen Handlungskostenzuschlagssatz % ,

i) den erzielten Gewinnzuschlagssatz % ,

j) den durchschnittlichen Kalkulationszuschlagssatz % ,

k) die Eigenkapitalrentabilität des Anfangskapitals % ,

l) die Umsatzrentabilität % ,

## Aufgabe 2.8

| **Sparda-Bank**<br><br>**Darlehen mit Festzins**<br>mit dinglicher Sicherheit | Sparda-Bank Hessen<br>Postfach 1234<br>60313 Frankfurt am Main<br><br>Konto Nr. 7211857 |
|---|---|

*Baustoffgroßhandlung Franz Klein & Co. KG; Kölner Straße 1, 60327 Frankfurt am Main*

– nachstehend der Darlehensnehmer genannt – erhält/erhalten von der Sparda-Bank zu folgenden Bedingungen ein *Fest-* Darlehen im Nennbetrag von *270.000,00* EUR.

*Gutschriftskonto:* *Belastungskonto: 53 293 453*

**1. Darlehenskosten, Rückzahlung**

**1.1. Verzinsung:** Das Darlehen ist jährlich mit *8,00* v. H. zu verzinsen. Dieser Zinssatz ist bis zum *30.09.2015* unveränderlich. Frühestens sechs Wochen, spätestens bis zwei Wochen vor Ablauf der Zinsbindungsfrist kann jede Partei verlangen, daß über die Bedingungen für die Darlehensgewährung (Zinssatz, Disagio u. ä.) neu verhandelt wird.
Tilgungsverrechnung: monatlich - Zinsberechnung: jährlich nachträglich

**1.2. Disagio:** Die Sparda-Bank erhebt ein Disagio von *1,5* % des Darlehensbetrags

**1.3. Rückzahlung und Zahlungstermine:** Alle fälligen Beträge werden jeweils dem oben bezeichneten Belastungskonto belastet.
Das Darlehen ist *bis zum 30.09.2015* zurückzuzahlen.

**2. Sicherheiten**

Das Darlehen kann erst in Anspruch genommen werden, wenn die vereinbarten Sicherheiten bestellt sind und der Sparda-Bank hierüber eine Bestätigung vorliegt.

Grundschuld von *270.000,00* EUR, Grundbuch von Frankfurt-Kalbach, Blatt 0996

| Ort, Datum<br>Frankfurt, den 30. September 2013 | Unterschrift(en) Darlehensnehmer<br>*Peter Breuer* |
|---|---|
| Legitimation<br>*Ingo Kanter*<br>Unterschrift des Sachbearbeiters | Für die Sparda-Bank<br>SPARDA-BANK FRANKFURT AM MAIN<br>*Karl Menden* |

*Fortsetzung auf der nächsten Seite*

## Aufgabe 2.8.1

Ermitteln Sie

a) den Auszahlungsbetrag €

b) den Zinsaufwand, der auf das Jahr der Darlehensaufnahme entfällt €

## Aufgabe 2.8.2

Bilden Sie die Buchungssätze

a) bei Darlehensaufnahme, wenn der Auszahlungsbetrag auf dem Girokonto bereitgestellt wird

Soll | Haben

b) zum 31.12. (Jahresabschluss) für die aufgelaufenen Zinsen

Soll | Haben

c) am 01.10. des folgenden Jahres bei Zinszahlung durch Banküberweisung

Soll | Haben

## Aufgabe 2.9

**Im Monat Juni tätigte die Baustoffgroßhandlung Franz Klein & Co. KG, die der 19-prozentigen Umsatzsteuer unterliegt, Umsätze in Höhe von 3.760.000,00 EUR, davon 1.840.000,00 EUR per Streckengeschäfte nach Bosnien und Serbien.**

**Im selben Zeitraum wurden für 2.350.000,00 EUR Waren eingekauft, davon 940.000,00 in Slowenien.**

### 2.9.1

Ermitteln Sie für den Monat Juni

a) die umsatzsteuerpflichtigen Umsätze — € ☐☐☐☐☐☐☐,☐☐

b) die Umsatzsteuerschuld — € ☐☐☐☐☐☐,☐☐

c) die Vorsteuer — € ☐☐☐☐☐☐,☐☐

d) die Umsatzsteuerzahllast bzw. den Vorsteuerüberhang

Kennzeichnen Sie das Ergebnis mit einem Pluszeichen, wenn es sich um eine Umsatzsteuerzahllast handelt und mit einem Minuszeichen, wenn es sich um einen Vorsteuerüberhang handelt. — +/– ☐ € ☐☐☐☐☐,☐☐

### 2.9.2

Welche **drei** der folgenden Aussagen zur Umsatzsteuer sind richtig?

**1.** Ausfuhren der Baustoffgroßhandlung in ein Land außerhalb der EU (Drittland) sind umsatzsteuerfrei.

**2.** Die Umsatzsteuer ist bei Exporten auf der Handelsrechnung auszuweisen.

**3.** Einfuhren aus einem Drittland werden vom Exporteur versteuert.

**4.** Auf Einkäufe aus EU- und Drittländern wird Einfuhrumsatzsteuer erhoben.

**5.** Die von der Zollbehörde erhobene Einfuhrumsatzsteuer ist von der Baustoffgroßhandlung wie die Vorsteuer abzugsfähig.

Tragen Sie die Kennziffern der richtigen Aussagen in die Kästchen ein. ☐ ☐ ☐

## Aufgabe 2.10

**Im Organigramm der Baustoffgroßhandlung Franz Klein & Co. KG wird die Stelle eines Konfliktmanagers ausgewiesen. Dieser hat festgestellt, dass Konflikte auf vier grundsätzlichen Ursachen beruhen, nach denen er die Konfliktarten auch benannt hat.**

### 2.10.1

Überprüfen Sie, welche der vier Konfliktarten durch folgende Situationen ausgelöst werden und tragen Sie die Kennziffer vor der ausgelösten Konfliktart in das Lösungsfeld hinter der Situation ein.

**Konfliktarten**

1. Hierarchiekonflikte
2. Kooperations- und Koordinationskonflikte
3. Soziale und Rollenkonflikte
4. Wertekonflikte

**Situationen**

a) Der Abteilungsleiter „Fliesen" ordnet nach Rücksprache mit dem Betriebsrat Überstunden an. In der Abteilung arbeiten mehrere alleinerziehende Mütter, die nur bestimmte Betreuungszeiten mit Tagesmüttern vereinbart haben.

b) Der Marketingleiter ordnet für mehrere Langsamdreher in der Abteilung „Innenausbau" verstärkte Werbung an. Die Geschäftsführung fordert für die gleichen Artikel Sortimentsbereinigung.

c) Der Abteilungsleiter „Hochbau" und der Leiter des Profitcenters „Bedachung" geben den Mitarbeitern des Profitcenters unterschiedliche Anweisungen zur Behandlung der Transportverpackung eingekaufter Waren.

d) Der Abteilungsleiter „Baustoffe" fordert, dass Hof und Hallen jeden Abend von den Teams der einzelnen Profitcenter gereinigt werden. „Wir sind eine Baustoffgroßhandlung und kein Reinigungsunternehmen", meinen die Leiter der Profitcenter.

### 2.10.2

Prüfen Sie, welche **drei** der folgenden Strategien geeignet sind, Konflikte zu lösen.

1. Der Abteilungsleiter betont seine Verantwortung für das Ergebnis.
2. Klare und deutliche Anweisungen durch den Vorgesetzten
3. Gemeinsame Festlegung von Zielen durch die Konfliktparteien
4. Kompromissbereitschaft trainieren und praktizieren
5. Gemeinsame Definition des Konflikts durch die Konfliktparteien
6. Entlassung von Mitarbeitern und Mitarbeiterinnen

Tragen Sie die Kennziffern der zutreffenden Strategien in die Kästchen ein.

## Aufgabe 2.11

**Bei durchschnittlichem Monatsverkauf von 4.000 m² Kalksandstein, Artikel KS-R, 12/25/17 x 5/23 x 8 cm, wurde im letzten Jahr ein durchschnittlicher Monatsumsatz von 120.000 EUR erzielt.**

**Dabei entstanden durchschnittliche Kosten:**

| Fixkosten | EUR |
|---|---|
| Löhne/Gehälter | 12.000,00 |
| Abschreibungen | 3.000,00 |
| Versicherungen | 400,00 |
| Allgemeine Verwaltung | 8.600,00 |

| Variable Kosten | EUR |
|---|---|
| Wareneingang | 76.000,00 |
| Warenbezugskosten | 8.000,00 |

### 2.11.1

Ermitteln Sie mithilfe der **Vollkostenrechnung**

a) den bisherigen Verkaufspreis pro m² Kalksandstein — € ___ , ___

b) die bisherigen Selbstkosten pro m² Kalksandstein — € ___ , ___

c) den bisherigen Jahreserfolg mit diesem Artikel — € ___ , ___

### 2.11.2

Aufgrund einer Marktuntersuchung wird in der Franz Klein & Co. KG überlegt, den Verkaufspreis pro m² um 10 % zu senken. Dadurch könnte eine Absatzsteigerung um 25 % erreicht werden. Der Hersteller bietet bei der geplanten Absatzmenge eine Frei-Lager-Lieferung an.

Ermitteln Sie mithilfe der **Teilkostenrechnung** bei der angebotenen Lieferbedingung

a) den Deckungsbeitrag pro m² nach der Preissenkung — € ___ , ___

b) den Gesamtdeckungsbeitrag pro Monat bei der angenommenen Absatzsteigerung — € ___ , ___

c) die kurzfristige Preisuntergrenze pro m² — € ___ , ___

d) die Gewinnschwellenmenge bei dem neuen Preis — ___ m²

e) den zu erwartenden Jahreserfolg bei der geplanten Absatzsteigerung um 25 % — € ___ , ___

### 2.11.3

Welche **drei** der folgenden Aussagen treffen im Hinblick auf die in Aufgabe 2.11.1 und 2.11.2 ermittelten Ergebnisse zu?

1. Fixe Gesamtkosten steigen mit zunehmender Absatzsteigerung.
2. Fixe Stückkosten nehmen bei zunehmendem Absatz ab.
3. Die variablen Stückkosten nehmen aufgrund der verbesserten Lieferbedingungen ab.
4. Die variablen Gesamtkosten haben bei steigendem Absatz einen degressiven Verlauf.
5. Die geplante Preissenkung lohnt sich, wenn die erwartete Absatzsteigerung eintritt.

Tragen Sie die Kennziffern der zutreffenden Aussagen in die Kästchen ein. ☐ ☐ ☐

## Aufgabe 2.12

**„Im kommenden Monat sollen Sie in der Lohnbuchhaltung aushelfen. Bis dahin sollten Sie sich mit zwei für diesen Arbeitsbereich typischen Problemen auseinandersetzen, nämlich der Struktur der Gehaltsabrechnung unserer Angestellten und der Personaldatensicherung und dem Personaldatenschutz", empfiehlt Ihnen die Finanzbuchhalterin, Frau Kern.**

### 2.12.1

Welche **drei** der folgenden Aussagen zur Struktur der Gehaltsabrechnung der Angestellten treffen zu?

1. Grundlagen der Gehaltsabrechnung bilden das steuerpflichtige Bruttogehalt, die Steuerklasse und ein Kinderfreibetrag.
2. Das steuerpflichtige Bruttogehalt stimmt immer mit dem vereinbarten Monatsgehalt überein.
3. Das steuerpflichtige Bruttogehalt bildet die Grundlage für die Berechnung der Lohnsteuer, des Solidaritätszuschlags und der Kirchensteuer.
4. Vom steuerpflichtigen Bruttogehalt sind für das Finanzamt Lohnsteuer, Solidaritätszuschlag und Kirchensteuer einzubehalten.
5. Vom sozialversicherungspflichtigen Gehalt werden Kranken-, Renten-, Arbeitslosen-, Pflege- und Unfallversicherung einbehalten.
6. Nach Abzug der Abzüge für das Finanzamt und der Sozialversicherungsbeiträge des Arbeitnehmers für die Krankenkasse erhält man das Nettogehalt.

Tragen Sie die Kennziffern der zutreffenden Aussagen in die Kästchen ein. ☐ ☐ ☐

### 2.12.2

Stellen Sie fest, ob die folgenden Maßnahmen der Datensicherung oder dem Datenschutz dienen.

Tragen Sie eine

**1.** bei Maßnahmen der Datensicherung,
**2.** bei Maßnahmen des Datenschutzes,
**3.** bei Maßnahmen der beiden
in die Kästchen neben den Maßnahmen ein.

**Maßnahmen**

| | |
|---|---|
| a) Einsatz von Notstromaggregaten und Blitzschutzgeräten | |
| b) Erhebung personenbezogener Daten nur beim Betroffenen oder aufgrund einer Rechtsvorschrift | |
| c) Berichtigung unrichtiger personenbezogener Daten | |
| d) Automatisches Benutzerprotokoll über die DV-Anlage im Lohnbüro | |
| e) Erstellung von Sicherungskopien von Dateien oder ganzen Festplatten | |
| f) Aufbewahrung von Ursprungsdateien der Mitarbeiter im Tresor | |

 

## Ihre Notizen

# Aufgabenblock 3

## Bearbeitungshinweise

Im Aufgabenblock 3 haben Sie zehn Aufgaben mit insgesamt **ca. 90 Einzellösungen** zu bearbeiten.

Sie erhalten für die Bearbeitung ebenfalls **180 Minuten Bearbeitungszeit**. Sie werden feststellen, dass Ihnen „ehemalige Bekannte“ begegnen.

Nutzen Sie solche Aufgaben sofort dazu, die Lösungswege zu strukturieren und die perspektivisch anderen Problemstellungen der früheren Aufgaben nochmals einzusehen. Nur so schaffen Sie sich ein Fundament und Schlüsselqualifikationen für die Lösung ähnlicher Aufgabenstellungen.

**Hinweise zum Eintragen Ihrer Ergebnisse:**

Wenn zur Bearbeitung der Aufgabe Belege gefordert sind, ist dies in der Aufgabenstellung angegeben. Die entsprechenden Belege finden Sie in der Anlage.

Kontierungsaufgaben lösen Sie mithilfe des Kontenplans auf Seite 13. Tragen Sie die jeweiligen **dreistelligen Kontennummern** der anzusprechenden Konten getrennt nach Soll und Haben in die T-Konten ein.

# Aufgabenblock 3.1 – 3.10

## Aufgabe 3.1

Prüfen Sie folgende Aussagen zum Inventar und zur Bilanz (Schlussbilanz) auf ihre Richtigkeit.

Tragen Sie eine

**1.** für richtige Aussagen zum Inventar
**2.** für richtige Aussagen zur Bilanz
**3.** für Aussagen, die nicht eindeutig sind
in die Kästchen neben den Aussagen ein.

**Aussagen**

| | |
|---|---|
| a) ... stellt Kapitalherkunft und -verwendung gegenüber. | |
| b) ... enthält Mengen- und Wertangaben. | |
| c) ... liefert Informationen zur Struktur des Vermögens und des Kapitals. | |
| d) ... erteilt detaillierte Auskunft über die Kunden und Lieferer. | |
| e) ... muss von allen Komplementären in der Franz Klein & Co. KG unterschrieben werden. | |
| f) ... dient der Kontrolle durch Interessenten am Unternehmen und unterliegt zahlreichen gesetzlichen Vorschriften. | |

## Aufgabe 3.2

**Aus der Originalinventurliste der Baustoffgroßhandlung Franz Klein & Co. KG gehen folgende Daten hervor:**

| Artikel-nummer | Artikel-bezeichnung | Einstands-preis, EUR | Listen-verkaufs-preis, EUR | Sollbestand | | Istbestand | | Inventur-differenz | |
|---|---|---|---|---|---|---|---|---|---|
| | | | | St. | EUR | St. | EUR | St. | EUR |
| 424016 | Klebstoff 310 ml Montier | 3,30 | 5,28 | 400 | | 395 | | | |
| 101254 | I&M Montage-kleber lösemit-telfrei 320 g | 6,80 | 10,88 | 256 | | 252 | | | |

### 3.2.1

Ermitteln Sie

a) den Inventurbestand des Artikels 424016 in EUR — € ☐☐☐☐,☐☐

b) die Inventurdifferenz beider Artikel zusammen in EUR — € ☐☐,☐☐

### 3.2.2

Welche **zwei** der folgenden Gründe für Abweichungen der Istbestände von den Sollbeständen können in den gegebenen Beispielen zutreffen?

1. Beim Wareneingang wurde eine geringere Menge eingetragen als tatsächlich geliefert wurde.
2. Beim Kommissionieren wurden zu wenig Waren ausgegeben.
3. Warenabgänge wurden nicht in voller Höhe erfasst.
4. Den Kunden wurde eine größere Menge berechnet als geliefert.
5. Ware wurde gestohlen.

Tragen Sie die Kennziffern der zutreffenden Gründe in die Kästchen ein. ☐ ☐

## Aufgabe 3.3

**In der Baustoffgroßhandlung Franz Klein & Co. KG sind die in der Anlage abgebildeten Belege mithilfe des Kontenplans vorzukontieren und auszuwerten.**

### 3.3.1

Buchen Sie

a) die Kopie der Rechnung Nr. 16666 an die Schreinerei Meisterbetrieb Fuhrmann GmbH

| Soll | Haben |
|---|---|
| | |
| | |

b) die Rechnung Nr. 31254 von der TRANS-VIANDEN GmbH

| Soll | Haben |
|---|---|
| | |
| | |

c) die Kopie der Rechnung Nr. 16669 an die Schreinerei Fuhrmann GmbH

| Soll | Haben |
|---|---|
| | |
| | |

d) die Gutschrift Nr. 89

| Soll | Haben |
|---|---|
| | |
| | |

e) den Bankkontoauszug

| Soll | Haben |
|---|---|
| | |
| | |
| | |

### 3.3.2

Ermitteln Sie

a) den Betrag der Umsatzsteuerkorrektur aufgrund des Skontoabzugs — € ,

b) den Effektivzinssatz, der dem Skontosatz entspricht — % ,

c) den Nettoumsatz aufgrund der fünf Belege — € ,

d) die Umsatzsteuerzahllast aufgrund der fünf Belege — € ,

e) den Nachlass in Prozent auf den Zieleinkaufspreis der vier Zimmertüren — %

## Aufgabe 3.4

**Ihnen liegt die in der Anlage abgebildete Eingangsrechnung für einen Lkw vor.**

**In der Anlagenbuchhaltung wurde aufgrund der Eingangsrechnung und des Kfz-Briefes folgende Datei für den Pkw angelegt:**

| **Anlagendatei** | | **Baustoffgroßhandlung Franz Klein & Co. KG** | | |
|---|---|---|---|---|
| **Gegenstand:** Lkw | | Fahrzeug-Nr. F-FZ-7364 | | |
| **Fabrikat:** 221 L 1 | | Lieferer: Auto-Center Miebach GmbH | | |
| **Nutzungsdauer:** 10 Jahre | | Anschaffungskosten: | | |
| **Konto-Nr.:** 0340 | | AfA-Satz: 10 % | AfA-Methode: linear | |
| **Datum** | **Vorgang** | **Zugang in EUR** | **Abgang/AfA in EUR** | **Bestand in EUR** |
| 20.04.2013 | ER 23951 | | | |

### 3.4.1

Um die Skontofrist zu nutzen, müsste die Franz Klein & Co. KG einen Kontokorrentkredit zum Zinssatz von 10 % in Anspruch nehmen.

Prüfen Sie zur Vorbereitung der Zahlung, ob Skonto ausgenutzt werden soll.

Berechnen Sie daher

a) den Zahlungstermin bei Skontoinanspruchnahme — T T M M J J J J

b) den Zahlungstermin bei Zielausnutzung — T T M M J J J J

c) den Skonto vom Rechnungsbetrag — € ,

d) den Kontokorrentkredit im Fall der Skontoausnutzung — € ,

e) die Zinsen für den Kontokorrentkredit — € ,

f) den Effektivzinssatz, der dem Skontosatz entspricht — % ,

g) den Zinsgewinn oder -verlust bei Skontoausnutzung
Kennzeichnen Sie einen Gewinn mit einem Pluszeichen und einen eventuellen Verlust mit einem Minuszeichen. — +/– € ,

**3.4.2**

Ermitteln Sie bei vorzeitiger Zahlung

a) die Anschaffungskosten des Lkw (Zugang lt. Anlagendatei in EUR) €

b) den Abschreibungsbetrag für das 1. Nutzungsjahr (AfA in EUR) lt. Anlagendatei (Anschaffungsdatum beachten) €

c) den Buchwert zum 31.12. des 1. Nutzungsjahres (Bestand in EUR) €

**3.4.3**

Bilden Sie mithilfe des Kontenplans die Buchungssätze zur Erfassung

a) der Rechnung 23951 Soll | Haben

b) des Rechnungsausgleichs unter Abzug von Skonto Soll | Haben

c) der Abschreibung Soll | Haben

## Aufgabe 3.5

**Ihnen liegt der in der Anlage abgebildete Kontoauszug vor.**

**3.5.1**

Ermitteln Sie

a) den Posten der Rechnungsabgrenzung aufgrund der Mietzahlung €

b) den Posten der Rechnungsabgrenzung aufgrund der Kfz-Steuerzahlung €

### 3.5.2

Bilden Sie die Buchungssätze zur

a) Zahlung der Miete durch die Möbelzentrum GmbH unter Berücksichtigung der Rechnungsabgrenzung

| Soll | | | Haben | | |
|---|---|---|---|---|---|
| | | | | | |
| | | | | | |

b) Zahlung der Kfz-Steuer an die Finanzkasse unter Berücksichtigung der Rechnungsabgrenzung

| Soll | | | Haben | | |
|---|---|---|---|---|---|
| | | | | | |
| | | | | | |

### 3.5.3

Stellen Sie fest, ob die folgenden Geschäftsfälle zum Jahresabschluss (31.12.) einen vorläufigen Unternehmensgewinn

**1.** erhöhen,
**2.** mindern,
**3.** nicht verändern.

Tragen Sie die zutreffenden Kennziffern in die Kästchen neben den Geschäftsfällen ein.

**Geschäftsfälle**

a) Erfassung einer Warenbestandsmehrung

b) Bildung einer Garantierückstellung für verkaufte Waren

c) Die Zinsen für ein am 30. September aufgenommenes Darlehen sind jährlich nachträglich zu zahlen.

d) Abschreibung auf einen Lkw

e) Abschluss des Kontos 302 Warenbezugskosten

f) Gutschriftanzeige eines Warenlieferers über einen Bonus

g) Die Gebäudeversicherungsprämie wurde am 31.10. für die Zeit vom 01.11. d. J. bis zum 31.10. des folgenden Jahres überwiesen.

h) Aus dem Gewinn (Jahresüberschuss) wird eine Rücklage gebildet

## Aufgabe 3.6

**Die Franz Klein & Co. KG plant ihren Warenumsatz und -einsatz für das kommende Geschäftsjahr.**

**Grundlage für die Planung bilden die Quartalwerte (in TEUR) des letzten Geschäftsjahres lt. Warenwirtschaft.**

**Planungsergebnis soll eine Umsatzsteigerung von 6 % sein.**

| Quartale | Anfangs-bestände | Wareneinsatz | Warenumsatz | Warenend-bestand |
|---|---|---|---|---|
| I | 1.775 | 5.900 | 14.750 | 1.425 |
| II | 1.900 | 6.700 | 16.750 | 1.995 |
| III | 2.530 | 7.860 | 19.650 | 2.760 |
| IV | 2.145 | 3.240 | 8.100 | 1.920 |
| | | 23.700 | 59.250 | |

Ermitteln Sie

a) den durchschnittlichen Lagerbestand — TEUR

b) die Lagerumschlagshäufigkeit — mal

c) die durchschnittliche Lagerdauer — Tage

d) den kalkulatorischen Lagerzinssatz bei einem Marktzins für Fremdkapital von 9 % — % ,

e) die einkalkulierten Lagerzinsen des Abrechnungsjahres — € ,

f) die durchschnittliche Handelsspanne im letzten Jahr — %

g) den geplanten Umsatz — TEUR

h) den geplanten Wareneinsatz für das kommende Geschäftsjahr, wenn die Handelsspanne unverändert bleiben soll — TEUR

## Aufgabe 3.7

**Der Artikel „Bimsstein, Holzblock 4", wird von der Franz Klein & Co. KG zurzeit zum Verkaufspreis von 2,50 EUR pro Stück frei Haus angeboten.**

**Dieser Stein wird von einem Hersteller zum Listenpreis von 2,20 EUR, abzüglich 25 % Wiederverkäuferrabatt und 2 % Skonto und zuzüglich 8,3 Cent Zustellkosten pro Stein bezogen.**

**Mit dem Lieferer wird eine Lieferung per Strecke von 10.000 Steinen zu den Einkaufsbedingungen an eine Baustelle in Neu-Isenburg vereinbart. Dem Kunden wird auf den Angebotspreis ein Sonderrabatt von 10 % eingeräumt. Die mit dem Kunden vereinbarte Zahlungsbedingung lautet: Binnen 30 Tagen netto.**

### 3.7.1

Ermitteln Sie

a) den Bezugspreis für einen Stein — € ___,___

b) den Barverkaufspreis für einen Stein — € ___,___

c) den Deckungsbeitrag pro Stück — € ___,___

d) den Gesamtdeckungsbeitrag aus diesem Geschäft. — € ______,___

### 3.7.2

Prüfen Sie, welche der folgenden Aussagen zu diesem Streckengeschäft zutrifft.

**1.** Dem Kunden konnten 10 % Rabatt gewährt werden, weil die gesamten Handlungskosten entfallen.

**2.** Dem Kunden kann der Rabatt gewährt werden, weil bei der Franz Klein & Co. KG Lagerkosten, Kosten für Be- und Entladung sowie ein Teil der Verwaltungskosten entfallen.

**3.** Der Gesamtdeckungsbeitrag kann auch als Gewinn bezeichnet werden.

Tragen Sie die zutreffende Kennziffer in das Kästchen ein. ☐

## Aufgabe 3.8

**Die Datei des Artikels „50002 Plastikol Bitumen-Spachtelmasse" 1 kg-Dosen ist auszuwerten:**

| | A | B | C | D | E | F |
|---|---|---|---|---|---|---|
| 1 | **Datum** | | **Zugänge in St.** | **AK EUR/St.** | **Abgänge in St.** | **Bestand in St.** |
| 2 | 01.07.20.. | Anfangsbestand | | 5,20 | | 80 |
| 3 | 12.07.20.. | Einkauf lt. ER 385 | 500 | 5,22 | | |
| 4 | 24.07.20.. | Verkauf lt. AR 102935 | | | 260 | |
| 5 | 20.08.20.. | Verkauf lt. AR 112653 | | | 150 | |
| 6 | 22.08.20.. | Verkauf lt. AR 112661 | | | 130 | |
| 7 | 25.08.20.. | Einkauf lt. ER 4291 | 500 | 5,25 | | |
| 8 | 27.09.20.. | Verkauf lt. AR 120010 | | | 280 | |
| 9 | 30.09.20.. | Verkauf lt. AR 121111 | | | 200 | |
| 10 | 30.09.20.. | Einkauf lt. ER 5110 | 400 | 5,25 | | |
| 11 | | | | | | |

Die Datei soll künftig mit einem Tabellenkalkulationsprogramm (hier: Excel) ausgewertet werden.

### 3.8.1

Ermitteln Sie

a) den Endbestand lt. permanenter Inventur — Dosen

b) den durchschnittlichen Lagerbestand des letzten Quartals (möglichst genau) — Dosen

c) die durchschnittlichen Anschaffungskosten je Dose im letzten Quartal — € ,

d) die Absatzmenge des letzten Quartals — Dosen

e) den Wareneinsatz des Artikels Nr. 50002 zum gewogenen Durchschnittswert — € ,

f) den Inventurwert zum gewogenen Durchschnittspreis zum 30.09. — € ,

g) die Umschlagshäufigkeit des Artikels in diesem Quartal (auf eine Stelle genau) — mal ,

h) In der Preisliste für das kommende Quartal bietet der Hersteller den Artikel zum Festpreis von 5,20 EUR an. Mit welchem Wert ist der Bestand des Artikels im Inventarverzeichnis anzusetzen? — € ,

i) Der Artikel wurde im letzten Quartal zum Preis von 46,20 EUR je Karton à 5 Stück verkauft. Dabei hat die Großhandelsunternehmung mit einem Kalkulationsfaktor von 1,75 kalkuliert. Mit welchem durchschnittlichen Anschaffungswert je Stück wurde gerechnet? — € ,

### 3.8.2

Bestimmen Sie die Formeln, die in den Zellen

a) C11,
b) E11,
c) F11

hinterlegt sein müssen.

### 3.8.3

Stellen Sie fest, welche der folgenden Aussagen auf

**1.** nicht abnutzbare Anlagevermögensgegenstände,
**2.** abnutzbare Anlagevermögensgegenstände,
**3.** Warenvorräte,
**4.** Verbindlichkeiten a. LL

zutreffen.

Tragen Sie die zutreffenden Kennziffern in die Kästchen neben den Aussagen ein.

**Aussagen**

| | |
|---|---|
| a) Sie werden zu den fortgeführten Anschaffungskosten unter Berücksichtigung planmäßiger Abschreibungen bewertet. | |
| b) Für ihre Bewertung gilt immer das strenge Niederstwertprinzip. | |
| c) Eine planmäßige Abschreibung ist nicht möglich; bei einer Bewertung unter Anschaffungskosten ist nach dem gemilderten Niederstwertprinzip zu verfahren. | |
| d) Bei ihrer Bewertung ist das Höchstwertprinzip zu beachten. | |

## Aufgabe 3.9

**Die Baustoffgroßhandlung Franz Klein & Co. KG erzielte mit 60 Mitarbeitern und 4 Auszubildenden auf einer Verkaufsfläche von 5.000 m² im Monat Juni**

| | |
|---|---|
| **einen Umsatz von** | **4.677.000,00 €** |
| **bei einem Wareneinsatz von** | **2.250.000,00 €** |
| **variablen Handlungskosten in Höhe von** | **250.000,00 €** |
| **fixen Handlungskosten in Höhe von** | **1.406.000,00 €** |

### 3.9.1

Ermitteln Sie nach der Vollkostenrechnung

a) den Rohgewinn € ,

b) den Reingewinn € ,

c) den durchschnittlichen Handlungskostenzuschlagssatz % ,

d) den erreichten Gewinnzuschlagssatz % ,

e) die erreichte Handelsspanne % ,

### 3.9.2

Ermitteln Sie die Leistungskennzahlen für Juni:

a) den Gesamtdeckungsbeitrag des Umsatzes € ,

b) den Gesamtdeckungsbeitrag in Prozent des Umsatzes % ,

c) die Wirtschaftlichkeit des Betriebes % ,

d) die Flächenproduktivität € ,

e) die Mitarbeiterproduktivität € ,

## Aufgabe 3.10

**Am Ende des Geschäftsjahres weist die Franz Klein & Co. KG folgende Angaben aus:**

| | |
|---|---|
| Eigenkapital ...............12.000 TEUR | Umsatzerlöse ...................................55.000 TEUR |
| Fremdkapital ..............16.000 TEUR | Bildung von Pensionsrückstellungen .......300 TEUR |
| Gewinn .........................2.400 TEUR | Abschreibungen auf Sachanlagen ...........900 TEUR |
| Durchschnittlicher Fremdkapitalzinssatz.................6 % | |

### 3.10.1

Errechnen Sie

a) den Zinsaufwand für das Fremdkapital — TEUR

b) den Ertrag des Gesamtkapitals — TEUR

c) die Eigenkapitalrentabilität — %

d) die Gesamtkapitalrentabilität — %

e) die Umsatzrentabilität — % ,

f) den Cashflow — TEUR

g) die Cashflow-Umsatzrate — % ,

### 3.10.2

Welche **beiden** der folgenden Aussagen sind richtig?

**1.** Die Eigenkapitalrentabilität sollte über dem landesüblichen Zinssatz für langfristig aufgenommenes Fremdkapital liegen.

**2.** Liegt die Gesamtkapitalrentabilität über dem landesüblichen Zinssatz, lohnt es sich Neuinvestitionen fremd zu finanzieren.

**3.** Die Umsatzrentabilität zeigt, wie viel EUR von 100 EUR Umsatz im Unternehmen investiert wurden.

**4.** Der Cashflow ist der Kassen- oder Liquiditätszufluss eines Unternehmens in der Rechnungsperiode.

Tragen Sie die zutreffenden Kennziffern in die Kästchen ein.

4

# Aufgabenblock 4

# Aufgabenblock 4.1 – 4.6

## Bearbeitungshinweise

Der Aufgabenblock 4 hat zum Ziel, Leistungsstärke und Zeitvolumen mit Aufgaben zu testen, deren Lösungen weitgehend aus den bisher erarbeiteten Teilen abgeleitet werden können.

Schwerpunkte sind Belegverarbeitungen mit Buchungen und Auswertungen, buchhalterische und kostenrechnerische Auswertungen zum Kerngeschäft.

Vom Umfang entspricht dieser Aufgabenblock den Prüfungsanforderungen.
Es sind 6 Aufgaben mit **45 Teillösungen** in **90 Minuten** zu bearbeiten.

**Hinweise zum Eintragen Ihrer Ergebnisse:**

Wenn zur Bearbeitung der Aufgabe Belege gefordert sind, ist dies in der Aufgabenstellung angegeben. Die entsprechenden Belege finden Sie in der Anlage.

Kontierungsaufgaben lösen Sie mithilfe des Kontenplans auf Seite 13. Tragen Sie die jeweiligen **dreistelligen Kontennummern** der anzusprechenden Konten getrennt nach Soll und Haben in die T-Konten ein.

## Aufgabe 4.1

**Die Baustoffgroßhandlung Franz Klein & Co. KG bezog im abgelaufenen Jahr lt. Kreditorenkonto Waren zu folgenden Rechnungsbeträgen einschl. 19 % Umsatzsteuer vom R & M Zentrallager Rhein-Main, Wiesbaden.**

| Pos. | Rg-Nr. | Datum | EUR |
|---|---|---|---|
| 1 | 720 | 25.01. | 127.687,00 |
| 2 | 840 | 12.02. | 207.060,00 |
| 3 | 1 135 | 08.03. | 125.426,00 |
| 4 | 2 128 | 09.05. | 280.959,00 |
| 5 | 2 835 | 27.06. | 104.244,00 |
| 6 | 3 465 | 15.08. | 190.400,00 |
| 7 | 3 945 | 17.10. | 128.520,00 |
| 8 | 4 612 | 10.11. | 454.104,00 |
| 9 | 4 819 | 05.12. | 392.700,00 |

**Das R & M Zentrallager Rhein-Main, Wiesbaden, gewährt ihren Kunden neben einem Wiederverkäuferrabatt als Sofortrabatt zusätzlich zum Jahresende einen Bonus von 4 %, wenn der Umsatz von 1 Mio. EUR erreicht wird. Übersteigt der Umsatz im Jahr 1 Mio. EUR, so wird ein Bonus von 4 % vom Gesamtumsatz gewährt; Umsatzsteuersatz 19 %.**

### 4.1.1

Ermitteln Sie

a) die Summe der Rechnungsbeträge an die Baustoffgroßhandlung — € ____ , __

b) den Vorumsatz der Baustoffgroßhandlung Franz Klein & Co. KG mit dem R & M Zentrallager Rhein-Main, Wiesbaden — € ____ , __

c) die Bonusgutschrift zum Jahresende netto — € ____ , __

d) die Bonusgutschrift zum Jahresende brutto — € ____ , __

### 4.1.2

Kontieren Sie den Bonus vor.

Zur Abstimmung des Kontensaldos wird dem R & M Zentrallager eine entsprechende Mitteilung gemacht, mit der Bitte, eine entsprechende Buchung vorzunehmen und den Kontensaldo zu bestätigen.

| Soll | Haben |
|---|---|
| | |
| | |

## Aufgabe 4.2

**Im Zusammenhang mit der Abwicklung eines Streckengeschäftes sind in der Baustoffgroßhandlung Franz Klein & Co. KG die in der Anlage abgebildeten Belege zu buchen und auszuwerten.**

### 4.2.1

Buchung der Belege mithilfe des Kontenplans der Baustoffgroßhandlung Franz Klein & Co. KG

a) Eingangsrechnung Nr. 14573

Soll | Haben

b) Ausgangsrechnung Nr. 16532

Soll | Haben

c) Bankkontoauszug, Position 1: R & M

Soll | Haben

d) Bankkontoauszug, Position 2: Schmidt & Schmidt

Soll | Haben

### 4.2.2

Ermitteln Sie

a) den Einstandspreis einer Bodenplatte

€ ,

b) den Kalkulationszuschlagssatz, mit dem die Baustoffgroßhandlung die Granitplatten kalkuliert hat

% ,

c) die Umsatzsteuer aufgrund der Belege

€ ,

d) die Vorsteuer aufgrund der Belege

€ ,

# Aufgabenblock 4.1 – 4.6

## Aufgabe 4.3

**Sie sind beauftragt, die in der Anlage abgebildeten Belege für die Buchung vorzubereiten.**

### 4.3.1

Berechnen Sie

a) aus Beleg 1 die anteilige Umsatzsteuer — € ,

b) aus Beleg 4 die anteilige Umsatzsteuer — € ,

c) aus Beleg 6, Position 4: Kfz-Steuer, den Abgrenzungsbetrag — € ,

d) aus Beleg 6, Position 5: GIS GmbH, den Abgrenzungsbetrag — € ,

e) die Summe der abziehbaren Vorsteuer aus den Belegen — € ,

### 4.3.2

Kontieren Sie die Belege vor:

a) Beleg 1 in Verbindung mit den Belegen 2 und 6 — Soll | Haben

b) Beleg 3 in Verbindung mit Beleg 6 — Soll | Haben

c) Beleg 4 in Verbindung mit den Belegen 5 und 6 — Soll | Haben

## Aufgabe 4.4

**Bestimmen Sie, in welchen der Spalten 1 bis 6 der Abgrenzungsrechnung lt. folgender Grafik die unten stehenden Sachverhalte der Baustoffgroßhandlung Franz Klein & Co. KG erfasst werden:**

| Abgrenzungsrechnung / Aufwands- und Ertragspositionen | I Werte der Finanzbuchhaltung | | II Abgrenzungsrechnung und kostenrechnerische Korrekturen | | III Kosten- und Leistungsarten | |
|---|---|---|---|---|---|---|
| | **1** | **2** | **3** | **4** | **5** | **6** |
| Bezeichnung | Aufwendungen | Erträge | betriebsfremde, betr. a. o. Aufwendungen | betriebsfremde, betr. a. o. Erträge, verrechnete kalkulatorische Kosten | Kosten | Leistungen |
| | | | | | | |

Tragen Sie die Ziffern der zutreffenden Spalten in die Kästchen neben den Sachverhalten ein.

**Sachverhalte**

a) Umsatzerlöse/Warenverkäufe

b) Wareneinsatz

c) Bilanzmäßige Abschreibung der Lkw

d) Kalkulatorische Abschreibung der Lkw

e) Instandhaltung der vermieteten Ausstellungshalle

f) Mieterträge aus vermieteter Ausstellungshalle

g) Verhärtung von Zement und Gips

h) Kalkulatorische Wagnisse für Warenverderb

## Aufgabe 4.5

**Nachstehende Konten der Baustoffgroßhandlung Franz Klein & Co. KG spiegeln das Kerngeschäft des Geschäftsjahres wider unter Berücksichtigung eines Warenendbestandes lt. Inventur von 1.765.000,00 EUR. Diese Konten sind abzuschließen und auszuwerten.**

| S | 390 Warenbestand | | H |
|---|---|---|---|
| 910 | 1.835.000,00 | | |

| S | 801 Umsatzerlöse für Waren/Warenverkauf | | H |
|---|---|---|---|
| 101 | 405.000,00 | 101 | 47.077.000,00 |

| S | 301 Aufw. für Waren/Wareneinang | | H |
|---|---|---|---|
| 171 | 21.628.000,00 | | |

| S | 806 Nachlässe an Kunden | | H |
|---|---|---|---|
| 101 | 301.000,00 | | |

| S | 302 Warenbezugskosten | | H |
|---|---|---|---|
| 171 | 517.000,00 | | |

| S | 807 Kundenboni | | H |
|---|---|---|---|
| 101 | 388.000,00 | | |

| S | 306 Liefererernachlässe | | H |
|---|---|---|---|
| | | 171 | 368.000,00 |

| S | 308 Liefererskonti | | H |
|---|---|---|---|
| | | 171 | 247.000,00 |

| S | 808 Kundenskonti | | H |
|---|---|---|---|
| 101 | 663.000,00 | | |

### 4.5.1

Bilden Sie die Buchungssätze

a) zur Erfassung der Warenbestandsveränderungen

Soll | Haben

b) zum Abschluss des Kontos 301 Aufwendungen für Waren/Wareneingang

Soll | Haben

c) zum Abschluss des Kontos 390 Warenbestand

Soll | Haben

d) zum Abschluss des Kontos 801 Umsatzerlöse für Waren/Warenverkauf

Soll | Haben

**4.5.2**

Ermitteln Sie

a) den Wareneinsatz — TEUR

b) den Nettoumsatz — TEUR

c) den Rohgewinn — TEUR

d) den durchschnittlichen Kalkulationszuschlagssatz (auf 1 Nachkommastelle genau) — %

e) den durchschnittlichen Lagerbestand — TEUR

f) die Umschlagshäufigkeit — mal

g) die durchschnittliche Lagerdauer (auf volle Tage kfm. runden) — Tage

## Aufgabe 4.6

**Beim Absatz von Bordsteinen an die Stadt Frankfurt wurde folgende Entwicklung der Gesamtkosten im letzten Quartal festgestellt:**

| Monate | Absatzmenge in St. | Gesamtkosten in EUR |
|---|---|---|
| April | 3.300 | 21.540,00 |
| Mai | 5.100 | 28.380,00 |
| Juni | 6.200 | 32.560,00 |

**Im gesamten Quartal blieben die variablen Stückkosten und die fixen Gesamtkosten pro Monat konstant. Der Verkaufspreis betrug gleichbleibend pro Stück 6,80 EUR.**

Berechnen Sie

a) die variablen Stückkosten — €

b) die fixen Gesamtkosten pro Monat — €

c) den Stückdeckungsbeitrag — €

d) die Gewinnschwellenmenge im Monat — Stück

e) den im Quartal erzielten Gewinn — €

5

# Aufgabenblock 5

# 5 Aufgabenblock 5.1 – 5.9

## Bearbeitungshinweise

Nachdem Sie jetzt einen Aufgabenblock unter eingeschränkten Prüfungsbedingungen – weil noch nicht alle Prüfungsgebiete einbezogen wurden – bearbeitet haben, will der Prüfungstrainer den Aufgabenblock 5 einmal mit Höchstanforderungen ausstatten. Dabei werden Sie in besonderem Maße fast in allen Aufgaben mit betrieblichen Prozessen und Belegzusammenhängen, um diese Prozesse abzubilden, konfrontiert.

In die Prozesse blendet sich der Controller ein mit wirtschaftlichen Problemstellungen und Verbesserungsvorschlägen.

Sie sollen dabei Assistenzfunktion übernehmen und Lösungen zur Erkenntnisgewinnung und zur Planungs- und Steuerungsvorbereitung entwickeln.

Sie haben ca. **90 Lösungen** innerhalb von **180 Min.** zu erbringen.

**Hinweise zum Eintragen Ihrer Ergebnisse:**

Wenn zur Bearbeitung der Aufgabe Belege gefordert sind, ist dies in der Aufgabenstellung angegeben. Die entsprechenden Belege finden Sie in der Anlage.

Kontierungsaufgaben lösen Sie mithilfe des Kontenplans auf Seite 13. Tragen Sie die jeweiligen **dreistelligen Kontennummern** der anzusprechenden Konten getrennt nach Soll und Haben in die T-Konten ein.

## Aufgabe 5.1

**Der Kunde Hochbau Müller GmbH, Neu-Isenburg, erhielt im abgelaufenen Geschäftsjahr lt. Kundenkonto folgende Rechnungen von der Franz Klein & Co. KG für gelieferte Waren einschließlich 19 % Umsatzsteuer.**

| Datum | RG-NR | RG-Betrag in EUR |
|---|---|---|
| 08.01. | 00105 | 15.089,20 |
| 15.02. | 00680 | 30.511,60 |
| 16.03. | 01350 | 50.708,28 |
| 19.04. | 02950 | 57.548,40 |
| 28.05. | 03840 | 28.417,20 |
| 21.06. | 05260 | 46.648,00 |
| 25.07. | 06575 | 57.786,40 |
| 15.09. | 08160 | 27.120,10 |
| 28.10. | 09445 | 54.145,00 |
| 15.11. | 12233 | 19.278,00 |

**Alle Kunden, die einen Umsatz von 250.000,00 EUR überschreiten, erhalten eine Umsatzrückvergütung von 3 %.**

**Sie sind beauftragt, die notwendigen Berechnungen und Buchungen vorzunehmen.**

### 5.1.1

Errechnen Sie

a) den Umsatz mit dem Kunden — € ____ , __

b) den Bonus, netto — € ____ , __

c) den Bonus, brutto — € ____ , __

### 5.1.2

Kontieren Sie mithilfe des Kontenplans die Bonusgutschrift.

| Soll | Haben |
|---|---|
| | |
| | |

### 5.1.3

Prüfen Sie, welche **drei** der folgenden Aussagen zutreffen.

1. Die Unterlagen für die Bonusberechnung der Kunden liefert das Debitorenkonto „Hochbau Müller GmbH".
2. Rücksendungen des Kunden und Kundenzahlungen dürfen nicht in die Bonusberechnung einbezogen werden.
3. Berechnungsgrundlage für die Kundenbonusberechnung bildet der Rechnungs- oder Zielverkaufswert aller Ausgangsrechnungen an den Kunden.
4. Das Kundenkonto erteilt Auskunft über das Zahlungsverhalten des Kunden.
5. Zum 31.12. werden offene Posten nicht in die Bonusberechnung einbezogen.

Tragen Sie die zutreffenden Kennziffern in die Kästchen ein. ☐ ☐ ☐

## Aufgabe 5.2

**Die Baustoffgroßhandlung Franz Klein & Co. KG hat eine Bilanzsumme von 7.500.000,00 EUR.**

**Das Vermögen besteht zu 55 % aus Anlagevermögen, zu 10 % aus liquiden Mitteln, zu 15 % aus Forderungen a. LL. Den restlichen Teil bilden die Warenvorräte.**

**Das Gesamtvermögen wird zu 35 % mit Eigenkapital, zu 40 % mit langfristigem Fremdkapital und zu 25 % mit kurzfristigem Fremdkapital finanziert.**

Ermitteln Sie

a) das Anlagevermögen — TEUR ☐☐☐☐

b) das Umlaufvermögen — TEUR ☐☐☐☐

c) die liquiden Mittel — TEUR ☐☐☐

d) das Eigenkapital — TEUR ☐☐☐☐

e) die kurzfristigen Verbindlichkeiten — TEUR ☐☐☐☐

f) die Barliquidität — % ☐☐

g) die Anlagendeckung I — % ☐☐,☐

h) die Anlagendeckung II — % ☐☐☐,☐

i) die Warenintensität — % ☐☐

## Aufgabe 5.3

**Ihnen liegen die in der Anlage abgebildeten Belege vor.**

### 5.3.1

Kontieren Sie die Belege mithilfe des Kontenplans der Franz Klein & Co. KG vor:

a) Beleg 205

Soll | Haben

b) Beleg 206

Soll | Haben

c) Beleg 207

Soll | Haben

d) Beleg 208

Soll | Haben

e) Beleg 209

Soll | Haben

f) Beleg 210 in Verbindung mit Beleg 213,
Position 5: Auto-Center Miebach

Soll | Haben

g) Beleg 211 in Verbindung mit Belegen 212 und 213

Soll | Haben

h) Beleg 213, Position 1: Bimsstein AG

Soll | Haben

*Fortsetzung auf der nächsten Seite*

### 5.3.1

*Fortsetzung*

i) Beleg 213, Position 2: Transvianden GmbH

Soll | Haben

j) Beleg 213, Position 6: Frankfurter Versicherung AG; unter Berücksichtigung der zeitlichen Abgrenzung

Soll | Haben

k) Beleg 213, Positon 4: Bauunternehmung Rheinhardt

Soll | Haben

### 5.3.2

Ermitteln Sie

a) aus Beleg 211 die anteilige Umsatzsteuer — € ,

b) aus Beleg 213, Position 1, den Umsatzsteuerkorrekturbetrag aufgrund der Skontozahlung — € ,

c) aus Beleg 213, Position 6, den Abgrenzungsbetrag — € ,

d) aus Beleg 213, Position 4, den Umsatzsteuerkorrekturbetrag aufgrund der Skontozahlung — € ,

e) die Summe der absetzbaren Vorsteuer aufgrund der Belege 205 – 213 — € ,

f) die Summe der Umsatzsteuerschuld aufgrund der Belege 205 – 213 — € ,

g) aus Belegen 205 und 207; um wie viel Prozent liegt der Zielverkaufspreis des „Bims Hohlblock“ über dem Zieleinkaufspreis — %

h) aus Beleg 207, welchem Effektivzinssatz der Skontosatz entspricht — % ,

 

## Aufgabe 5.4

**Im Zusammenhang mit der Anschaffung einer Lagersteuerungsanlage sind in der Baustoffgroßhandlung Franz Klein & Co. KG die in der Anlage abgebildeten Belege vorzukontieren und auszuwerten.**

### 5.4.1

Bilden Sie die Buchungssätze zu den einzelnen Belegen und zur Umbuchung:

a) Eingangsrechnung der Maschinenbau TEMEX AG

| Soll | | | Haben | | |
|---|---|---|---|---|---|
| | | | | | |
| | | | | | |

b) Eingangsrechnung der TRANS-VIANDEN GmbH

| Soll | | | Haben | | |
|---|---|---|---|---|---|
| | | | | | |
| | | | | | |

c) Bankkontoauszug

| Soll | | | Haben | | |
|---|---|---|---|---|---|
| | | | | | |
| | | | | | |
| | | | | | |

d) Umbuchung: Abschreibung

| Soll | | | Haben | | |
|---|---|---|---|---|---|
| | | | | | |

### 5.4.2

Ermitteln Sie

a) die Anschaffungskosten der Lagersteuerungsanlage € ____ , __

b) die aus diesem Anschaffungsvorgang absetzbare Vorsteuer € ____ , __

c) den Abschreibungsbetrag zum 31.12. bei linearer Abschreibung und einer betriebsgewöhnlichen Nutzungsdauer von 16 Jahren. € ____ , __

## Aufgabe 5.5

Nach der letzten Überprüfung der offenen Posten der Debitoren bemerkt der Controller gegenüber Herrn Klein: „Langfristig führt kein Weg an einer Factoring-Bank vorbei. Davon verspreche ich mir folgende Vorteile:

1. Verbesserung der Barliquidität
2. Bonitätsprüfungen entfallen künftig
3. Übernahme notwendiger Mahnverfahren durch die Factoring-Bank
4. Sofortige Gutschrift des vollen Forderungsbetrags; Zinsen und Provisionen sind nach Forderungseinzug fällig
5. Unsichere Forderungen werden angekauft
6. Verringerung der Verwaltungsarbeiten

Welche **drei** Aussagen sind **falsch?**

Tragen Sie die entsprechenden Kennziffern in die Lösungskästchen ein. ☐☐☐

## Aufgabe 5.6

**Die Baustoffgroßhandlung Franz Klein & Co. KG untersucht zum Zwecke der Optimierung die wirtschaftliche Leistungsstärke ihrer Sortimentsbereiche, Warengruppe und geführten Artikel. Hierfür liegen u. a. Daten aus der Finanzbuchführung, der Kosten- und Leistungsrechnung und der Statistik zur Warengruppe „Sackware 25 kg“ vor:**

| | 1<br>Portlandzement | 2<br>Tonerde-schmelzzement | 3<br>Trasszement |
|---|---|---|---|
| Bezugspreis in € | 2,40 | 10,20 | 3,45 |
| Barverkaufspreis in € | 3,20 | 17,00 | 5,40 |
| variable Handlungskosten in € | 70.000,00 | 68.400,00 | 33.000,00 |
| Absatzmenge in Stück | 280.000 | 38.000 | 60.000 |
| Fixe Handlungskosten in € | 148.000,00 | | |

*Fortsetzung auf der nächsten Seite*

 

### 5.6.1

Werten Sie diese Angaben aus und ermitteln Sie

a) den Deckungsbeitrag pro Sack **jedes Artikels**:

1 € ,

2 € ,

3 € ,

b) den Gesamtdeckungsbeitrag **jedes Artikels**:

1 € ,

2 € ,

3 € ,

c) den Jahreserfolg durch diese Warengruppe € ,

### 5.6.2

Bestimmen Sie die Rangfolge, in der diese Artikel zu fördern sind.

Tragen Sie die Kennziffern der jeweiligen Artikel in die Lösungsfelder ein.

### 5.6.3

In dieser Situation ist über die Annahme eines Auftrags der Stadt Frankfurt zu entscheiden.

Sie bittet um die Lieferung von 20.000 Sack Portlandzement per Strecke, allerdings zum Barverkaufspreis von 2,90 € je Sack.

a) Welcher Zusatzgewinn/-verlust wird erwirtschaftet?

Kennzeichnen Sie einen Gewinn mit einem Pluszeichen und einen Verlust mit einem Minuszeichen. +/– € ,

b) Bestimmen Sie für solche Zusatzgeschäfte die kurzfristige Preisuntergrenze für den Artikel „Tonerdeschmelzzement" € ,

## Aufgabe 5.7

**Bei einem Betriebsvergleich der Franz Klein & Co. KG mit dem Hauptkonkurrenten, der Baustoffe König GmbH, wurden für die Warengruppe „Dämmstoffe" folgende Werte ermittelt:**

| | Baustoffgroßhandlung Franz Klein & Co. KG | Baustoffe König GmbH |
|---|---|---|
| Durchschnittlicher Lagerbestand in EUR | ? | 504.000,00 |
| Umschlagshäufigkeit | 4 mal | ? |
| Wareneinsatz in EUR | 2.520.000,00 | ? |
| Lagerdauer in Tagen | ? | 60 |
| Durchschnittlicher kalkulatorischer Lagerzinssatz bei einem Marktzins von 9 % | ? | ? |

### 5.7.1

Berechnen Sie für die Baustoffe König GmbH

a) die Umschlagshäufigkeit — mal

b) den Wareneinsatz — €

c) den kalkulatorischen Lagerzinssatz — %

### 5.7.2

Berechnen Sie für die Baustoffgroßhandlung Franz Klein & Co. KG

a) den durchschnittlichen Lagerbestand — €

b) die durchschnittliche Lagerdauer — Tage

c) den kalkulatorischen Lagerzinssatz — %

d) bei welchem Wareneinsatz die Franz Klein & Co. KG bei dem ermittelten durchschnittlichen Lagerbestand dieselbe Umschlagshäufigkeit wie die Baustoffe König GmbH erreichen würde — €

## Aufgabe 5.8

**Für Frau Tewen, eine neue Mitarbeiterin im Absatzmarketing der Franz Klein & Co. KG, liegen folgende Angaben vor:**

- **28 Jahre alt, geschieden, 1 Kind, rk**
- **Jahreslohnsteuerfreibetrag 1.200,00 €**
- **Steuerklasse II, 0,5**

**Frau Tewen verdient ein Monatsgehalt von 2.880,00 €**

**Sie werden beauftragt ihre Gehaltsabrechnung „Juni" unter Berücksichtigung eines Personalkaufs von 69,99 € mithilfe des in der Anlage abgebildeten Tabellenauszuges durchzuführen.**

**SV-Gesamtbeitragssätze:**
**KV: 15,5% (davon 0,9 % AN alleine), RV: 18,9 %, AV: 3,0 %, PV: 2,05 %**

### 5.8.1

Bestimmen Sie

a) das steuerpflichtige Bruttogehalt — € ____ , __

b) das sozialversicherungspflichtige Bruttogehalt — € ____ , __

### 5.8.2

Ermitteln Sie

a) die Summe der Abzüge für Lohn-, Kirchensteuer (9%) und Solidaritätszuschlag — € ___ , __

b) den einzubehaltenden Sozialversicherungsanteil von Frau Tewen unter Berücksichtigung gesetzlich festgelegter Sonderbeiträge zur Krankenversicherung — € ___ , __

c) den Arbeitgeberanteil zur Sozialversicherung — € ___ , __

d) das Nettogehalt — € ____ , __

e) den Auszahlungsbetrag — € ____ , __

f) den Gesamtbetrag der Sozialversicherungsbeiträge an die Krankenkasse — € ____ , __

### 5.8.3

Ermitteln Sie mithilfe des unten abgebildeten Kalenderauszugs das Fälligkeitsdatum der Zahlungen

a) an das Finanzamt

| T | T | M | M | J | J | J | J |
|---|---|---|---|---|---|---|---|
| | | | | | | | |

b) an die Krankenkasse

| T | T | M | M | J | J | J | J |
|---|---|---|---|---|---|---|---|
| | | | | | | | |

| Juni 2013 | | | | | | |
|---|---|---|---|---|---|---|
| **Mo.** | **Di.** | **Mi.** | **Do.** | **Fr.** | **Sa.** | **So.** |
| | | | | | 1. | 2. |
| 3. | 4. | 5. | 6. | 7. | 8. | 9. |
| 10. | 11. | 12. | 13. | 14. | 15. | 16. |
| 17. | 18. | 19. | 20. | 21. | 22. | 23. |
| 24. | 25. | 26. | 27. | 28. | 29. | 30. |

### 5.8.4

Frau Tewen legt Ihnen eine Aufstellung über Ausgaben vor mit der Bitte ihr zu sagen, welche sie bei ihrem Antrag auf Lohnsteuerjahresausgleich als

**1.** Werbungskosten,
**2.** Vorsorgeaufwendungen,
**3.** übrige Sonderausgaben,
**4.** außergewöhnliche Belastungen, steuerlich absetzen kann und
**5.** steuerlich nicht absetzen kann.

Tragen Sie die zutreffenden Kennziffern in die Lösungskästchen neben den folgenden Ausgaben ein.

a) Berufskleidung

b) Prämie für die Unfallversicherung

c) Kirchensteuer

d) Monatszeitschrift „Schöner Wohnen“

e) Gewerkschaftsbeitrag

f) Ausgaben für eine Tagesmutter

g) Fahrtkosten zwischen Wohnung und Arbeitsstätte

h) Kleidung für die Tochter

 

## Aufgabe 5.9

Prüfen Sie, ob folgende Aussagen auf

**1.** die Stichtagsinventur (zeitnahe Inventur),
**2.** die zeitlich verlegte Inventur,
**3.** die permanente Inventur

zutreffen.

Tragen Sie die entsprechende Kennziffer in das Lösungsfeld neben den Aussagen ein.

**Aussagen**

| | |
|---|---|
| a) Die körperliche Bestandsaufnahme kann bis zu 10 Tagen vor oder nach dem Inventurstichtag erfolgen. | |
| b) Die aufgenommenen Bestände vor oder nach dem Inventurstichtag müssen nur wertmäßig fortgeschrieben werden. | |
| c) Bestände sind jederzeit während des Geschäftsjahres aus den Büchern abrufbar. | |
| d) Körperliche Bestandsaufnahmen erfolgen über das ganze Geschäftsjahr verteilt. | |
| e) Sie ist eine vereinfachte Stichtagsinventur. | |
| f) Soll- und Istbestand aller Vermögensgegenstände werden wenigstens einmal im Geschäftsjahr verglichen; Abweichungen werden festgehalten. | |
| g) Sie setzt eine laufende Erfassung der Zu- und Abgänge voraus. | |
| h) Sie macht eine mengen- und wertmäßige Fortschreibung oder Rückrechnung erforderlich. | |
| i) Der Sollbestand wird bei dieser Inventurmethode zum Inventurstichtag als Istbestand übernommen. | |

# Ihre Notizen

# Aufgabenblöcke 6 – 10

# Musterunternehmen Bürowelt GmbH

## Allgemeine Bearbeitungshinweise

1. Lesen Sie die einzelnen Aufgaben ganz durch, bevor Sie mit der Bearbeitung beginnen, damit Sie den Zusammenhang der Teilaufgaben erkennen und Teillösungen in einer komplexen Handlung miteinander verbinden.
2. Tragen Sie die Lösung in die dafür vorgesehenen Felder ein. Beachten Sie die Rundungshinweise (wenn nichts anderes angegeben ist, ist kaufmännsich zu runden) und die Bezeichnung des gesuchten Ergebnisses in der Aufgabenstellung bzw. am Lösungsfeld.
3. Bei Kontierungsaufgaben ist zur Bildung des Buchungssatzes eine begrenzte Anzahl von Konten aus dem Kontenplan der Bürowelt GmbH vorgegeben.

   Aus diesen müssen Sie – wie in der Abschlussprüfung – die Lösungsziffern vor den zutreffenden Konten getrennt nach „Soll" und „Haben" in die Kästchen der Lösungsschablone eintragen. Die Zahl der vorgegeben Kästchen ist auf beiden Kontenseiten gleich. **Beachten Sie also, dass nicht unbedingt jedes Kästchen ausgefüllt sein muss!**

   Die Reihenfolge der Lösungsziffern auf jeder Kontenseite ist beliebig.
4. In Ihrer neuen Stellung werden Sie mit sämtlichen Aufgabenstellungen des Rechnungswesens konfrontiert: in den Funktionsbereichen Finanzbuchhaltung, Kosten- und Leistungsrechnung, Planung und Controlling.
5. Erarbeiten Sie sich nach jeder Teilaufgabe dieser Aufgabenblöcke eine inhaltliche Struktur der jeweils anstehenden Sachproblematik.

S

# Situation zu den Aufgabenblöcken 6 – 10

## Situationsbeschreibung

Sie haben das Unternehmen gewechselt und sind Mitarbeiter/in in der Bürowelt GmbH, Großhandlung für Bürobedarf, Büromöbel, Bürotechnik und zurzeit im Rechnungswesen eingesetzt. Aufgrund Ihrer Bewerbung, in der Sie auf die vielfältigen Erfahrungen in typischen Bereichen des Rechnungswesens hinweisen konnten, haben Sie im neuen Unternehmen eine Stelle im Rechnungswesen gefunden, in der Sie Ihre Kenntnisse in der Buchführung, in der Erstellung des Jahresabschlusses und in der Gewinnung von Kennzahlen zur Unterstützung des Controllers anwenden und erweitern können.

**Informationen über das Unternehmen**

| | |
|---|---|
| **1. Name und Geschäftssitz** | Bürowelt GmbH<br>Äußere Kanalstraße 20<br>50827 Köln |
| **2. Amtsgericht** | Köln |
| **3. Handelsregister** | HRB 92705 |
| **4. Bankverbindung** | Deutsche Bank Köln<br>IBAN: DE62370700600045771234<br>BIC: DEUTDEDKXXX |
| **5. Steuernummer**<br>**USt-IDNr.** | 217/2382/1121<br>DE293847414 |
| **6. Geschäftsjahr** | 01.01. – 31.12. |
| **7. Betriebszweck** | Großhandel für Bürobedarf, Büromöbel und Bürotechnik |
| **8. Mitarbeiter** | 120 |
| **9. Abteilungen** | Geschäftsleitung mit Sekretariat,<br>Einkauf, Lager/Logistik, Verkauf/Versand,<br>Rechnungswesen/Controlling,<br>Personal/Verwaltung/EDV |
| **10. Lieferer** | Hersteller von Büroverbrauchsmaterialien wie Papier, Schreibmaterialien, Farben und Toner für die Bürotechnik sowie Büromöbel- und Bürogerätehersteller aller Art |
| **11. Kunden** | Einzelhandelsgeschäfte für Verbrauchsmaterialien, Büromöbel und Bürotechnik sowie Fachgewerke für Informationstechnik, Büroeinrichtung und -design |

6

# Aufgabenblock 6

# Aufgabenblock 6.1 – 6.8

## Bearbeitungshinweise

Sie haben **180 Minuten** Zeit für die Bearbeitung des Aufgabenblocks 6, wobei Sie ca. **90 Einzellösungen** erstellen müssen.

Wenn zur Bearbeitung der Aufgabe **Belege** gefordert sind, ist dies in der Aufgabenstellung angegeben. Die entsprechenden Belege finden Sie in der **Anlage.**

## Aufgabe 6.1

**Zum 31.12. weist das Debitorenkonto „D 10117 Karl Beier e. K., Bürogeschäft" folgende Daten aus (sämtliche Beträge enthalten 19 % Umsatzsteuer):**

| **D 10117 Karl Beier e. K., Bürogeschäft, Bahnhofstraße 12, 56068 Koblenz am Rhein** | | | | |
|---|---|---|---|---|
| **Datum** | **Beleg** | **Buchungstext** | **Soll EUR** | **Haben EUR** |
| 02.01. | | Saldovortrag | 50.753,50 | |
| 07.01. | BA 005 | Ausgleich AR 09648 | | 50.753,50 |
| 05.02. | AR 00475 | Warenverkauf auf Ziel | 152.843,60 | |
| 12.02. | GT 0112/AR 00475 | Gutschrift für Rücksendung der Leihverpackung | | 3.141,60 |
| 15.02. | BA 033 | Ausgleich AR 00475 abzgl. GT 0112 | | 149.702,00 |
| 26.03. | AR 01403 | Warenverkauf auf Ziel | 98.056,00 | |
| 01.04. | GT 0278/AR 01403 | Gutschrift für Minderung und Rücksendung der Leihverpackung | | 4.046,00 |
| 05.04. | BA 070 | Ausgleich AR 01403 abzgl. GT 0278 | | 94.010,00 |
| 18.06. | AR 04960 | Warenverkauf auf Ziel | 135.898,00 | |
| 22.06. | GT 0407/AR 04960 | Gutschrift für Rücksendung der Leihverpackung | | 1.487,50 |
| 28.06. | BA 147 | Ausgleich AR 04960 abzgl. GT 0407 | | 134.410,50 |
| 16.08. | AR 07211 | Warenverkauf auf Ziel | 138.754,00 | |
| 22.08. | GT 0790/AR 07211 | Gutschrift für Rücksendung von Waren und Leihverpackung | | 7.901,60 |
| 26.08. | BA 175 | Ausgleich AR 07211 abzgl. GT 0790 | | 130.852,40 |
| 15.10. | AR 08314 | Warenverkauf auf Ziel | 193.732,00 | |
| 19.10. | GT 0901/AR 08314 | Gutschrift für Rücksendung der Leihverpackung | | 2.142,00 |
| 19.11. | BA 236 | Teilzahlung AR 08314 | | 100.000,00 |
| 31.12. | GT 1154 | Bonus: 4 % vom Bruttojahresumsatz | | ? |
| 31.12. | | Saldo | | ? |
| | | | 770.037,10 | 770.037,10 |

*Fortsetzung auf der nächsten Seite*

# Aufgabenblock 6.1 – 6.8

### 6.1.1

Ermitteln Sie

a) den Jahresumsatz der Bürowelt GmbH mit Karl Beier e. K. € ______,__

b) die zu erwartende Umsatzrückvergütung bei folgender Bonusstaffel:

2 % vom Gesamtnettoumsatz bei erreichtem Jahresumsatz über 100.000,00 €

3 % vom Gesamtnettoumsatz bei erreichtem Jahresumsatz über 250.000,00 €

4 % vom Gesamtnettoumsatz bei erreichtem Jahresumsatz über 500.000,00 € € _____,__

c) die Bruttogutschrift an Karl Beier e. K. € _____,__

d) den Saldo des Debitorenkontos (Offene Posten) unter Berücksichtigung der Bonusgutschrift € _____,__

### 6.1.2

Bilden Sie mithilfe der folgenden Konten den Buchungssatz für die Erfassung der Bonusgutschrift.

**1.** Forderungen a. LL (101)
**2.** Kreditinstitute (131)
**3.** Vorsteuer (140)
**4.** Verbindlichkeiten a. LL (171)
**5.** Umsatzsteuer (180)
**6.** Liefererboni (307)
**7.** Nachlässe an Kunden (806)
**8.** Kundenboni (807)

Tragen Sie die **Kennziffern** vor den zutreffenden Konten (**nicht** die Kontennummern!) getrennt nach Soll und Haben in das T-Konto ein:

| Soll | | Haben | |
|---|---|---|---|
| | | | |

6.1.3

Stellen Sie fest, welche der folgenden Aussagen zum Debitorenkonto zutrifft.

Mit dem Kunden Karl Beier e. K. ist die Zahlungsbedingung
„Binnen 10 Tagen abzüglich 2 % Skonto, binnen 30 Tagen netto“ vereinbart.

1. Karl Beier e. K. gleicht offene Posten immer regelmäßig aus.
2. Karl Beier e. K. nimmt immer Skonto in Anspruch.
3. Nach dem 25.10. wäre die Einleitung des kaufmännischen Mahnverfahrens empfehlenswert gewesen.
4. Karl Beier e. K. hat bereits am 25.10. Liquiditätsprobleme.
5. Nur auf ausgeglichene Forderungen wird ein Bonus gewährt.

Tragen Sie die Kennziffer der richtigen Antwort in das Lösungskästchen ein. ☐

## Aufgabe 6.2

Stellen Sie fest, welche der folgenden Geschäftsfälle in der Bürowelt GmbH

1. im Soll und im Haben auf Bestandskonten,
2. im Soll auf einem Bestandskonto und im Haben auf einem Erfolgskonto,
3. im Soll auf einem Erfolgskonto und im Haben auf einem Bestandskonto,
4. im Soll auf einem Bestands- und einem Erfolgskonto und im Haben auf einem Bestandskonto

erfasst werden.

Tragen Sie die Kennziffern der richtigen Antwort in die Lösungskästchen neben den Geschäftsfällen ein.

**Geschäftsfälle**

| | |
|---|---|
| a) Abschreibung auf einen Lkw | |
| b) Zahlung einer Verkaufsprovision an das Verkaufspersonal per Banküberweisung | |
| c) Bankabbuchung der Vertragswerkstatt für die Lkw-Inspektion | |
| d) Rückerstattung eines Vorsteuerüberhangs per Banküberweisung durch das Finanzamt | |
| e) Wareneinkauf auf Ziel | |
| f) Bankgutschrift von Guthabenzinsen | |

## Aufgabe 6.3

| Buchungsbeleg-Nr.: 570 | | Bürowelt GmbH | | | |
|---|---|---|---|---|---|
| **Datum** | **Buchungstext** | **Soll** | | **Haben** | |
| | | **Konto** | **EUR** | **Konto** | **EUR** |
| 31.12.2013 | Voraussichtliche Gewerbeertragsteuernachveranlagung für das Geschäftsjahr wird auf 15.000,00 EUR geschätzt | ? | 15.000,00 | ? | 15.000,00 |
| **Ausgestellt am:** 27.12.2013 *Fischer* | | **Genehmigt:** 30.12.2013 *Huber* | | **Gebucht:** 30.12.2013 *Felder* | |

**Konten zu den Aufgaben 6.3.1 und 6.3.2**

1. Rückstellungen (072)
2. Aktive Rechnungsabgrenzung (091)
3. Passive Rechnungsabgrenzung (093)
4. Kreditinstitute (131)
5. Sonstige Verbindlichkeiten (194)
6. Periodenfremde Aufwendungen für frühere Jahre (203)
7. Erträge aus der Auflösung von Rückstellungen (276)
8. Gewerbesteuer (421)

### 6.3.1

Nehmen Sie mithilfe der oben angegebenen Konten die Vorkontierung des Buchungsbelegs-Nr. 570 der Bürowelt GmbH zum 31.12.2013 vor.

Tragen Sie die **Kennziffern** vor den zutreffenden Konten (**nicht** die Kontennummern!) getrennt nach Soll und Haben in das T-Konto ein:

| Soll | Haben |
|---|---|
| | |

### 6.3.2

Buchen Sie mithilfe der oben angegebenen Konten am 15.02. des neuen Jahres bei Banküberweisung von 13.800,00 EUR gemäß Steuerbescheid.

Tragen Sie die **Kennziffern** vor den zutreffenden Konten (**nicht** die Kontennummern!) getrennt nach Soll und Haben in das T-Konto ein:

| Soll | | Haben | |
|---|---|---|---|
| | | | |

**6.3.3**

Überprüfen Sie die Auswirkung der Buchung zum 31.12.

Welche **beiden** Aussagen treffen zu?

Die Buchung zum 31.12.

**1.** mehrt die Passiva,

**2.** mehrt die Aktiva,

**3.** verursacht einen Passivtausch,

**4.** verbessert den Erfolg,

**5.** verschlechtert den Erfolg,

**6.** hat keine Auswirkung auf den Erfolg.

Tragen Sie die Kennziffern der beiden zutreffenden Auswirkungen in die Lösungskästchen ein. ☐ ☐

**6.3.4**

Überprüfen Sie die Auswirkung der Buchung zum 15.02. des neuen Jahres.

Welche **beiden** Aussagen treffen zu?

Die Buchung zum 15.02. des neuen Jahres

**1.** mindert die Passiva,

**2.** mindert die Aktiva,

**3.** verändert weder Aktiva noch Passiva,

**4.** wirkt sich negativ auf den Erfolg aus,

**5.** wirkt sich positiv auf den Erfolg aus,

**6.** hat keine Auswirkung auf den Erfolg.

Tragen Sie die Kennziffern der beiden zutreffenden Auswirkungen in die Lösungskästchen ein. ☐ ☐

### 6.3.5

Stellen Sie fest, ob bei nachstehenden Geschäftsfällen in der Bürowelt GmbH zum Bilanzstichtag eine

1. Aktive Rechnungsabgrenzung,
2. Passive Rechnungsabgrenzung,
3. Sonstige Forderung,
4. Sonstige Verbindlichkeit,
5. Rückstellung,
6. Rücklage

auszuweisen ist.

Tragen Sie die Kennziffern der zutreffenden Antwort in die Lösungskästchen neben den Geschäftsfällen ein.

**Geschäftsfälle**

a) Die Dezembermiete für eine vermietete Lagerhalle ist noch nicht eingegangen.

b) Dem Vertreter wird die Provision lt. Dezemberabrechnung erst im Januar des folgenden Geschäftsjahres überwiesen.

c) Die Kfz-Versicherungsprämie wurde am 30.09. für ein Jahr im Voraus überwiesen.

d) Die Jahreszinsen für ein Kundendarlehen sind nachträglich am 30.04. fällig.

e) Eine Dachreparatur, die im Dezember in Auftrag gegeben wurde, wird erst im Februar des folgenden Jahres durchgeführt.

f) Ein Teil des Gewinnes wird für künftige Investitionen einbehalten und in der Bilanz gesondert ausgewiesen.

g) Am 30.11. wurde die Jahresmiete für eine vermietete Lagerhalle im Voraus bezahlt.

### 6.3.6

Überprüfen Sie folgende Aussagen zu dem Beleg 570 auf Seite 94.

Welche **beiden** Aussagen sind **falsch?**

1. Es handelt sich um die künstliche Darstellung eines Aufwandes, um Steuern zu sparen.
2. Seine Aufbewahrungsfrist endet 6 Jahre nach dem Tag der Buchung.
3. Dieser Beleg dokumentiert einen Aufwand des Jahres 2013, der erst 2014 zur Auszahlung führt.
4. Es handelt sich um einen künstlichen Beleg.
5. Seine Aufbewahrungsfrist endet mit dem 31.12.2023.
6. Der Beleg und seine buchhalterische Erfassung dienen der periodengerechten Erfolgsermittlung.

Tragen Sie die Kennziffern der beiden falschen Aussagen in die Lösungskästchen ein.

## Aufgabe 6.4

**Bearbeiten Sie die in der Anlage abgebildeten Belege 500 – 506.**

### 6.4.1

Kontieren Sie die Belege **500 – 503** mithilfe der folgenden Konten vor.

**Konten zu Aufgabe 6.4.1 a) – d)**

1. Forderungen a. LL (101)
2. Vorsteuer (140)
3. Verbindlichkeiten a. LL (171)
4. Umsatzsteuer (180)
5. Wareneingang (301)
6. Warenbezugskosten (302)
7. Nachlässe von Lieferern (306)
8. Ausgangsfrachten (462)

Tragen Sie dazu die **Kennziffern** vor den zutreffenden Konten (**nicht** die Kontennummern!) getrennt nach Soll und Haben in die T-Konten ein.

a) Beleg Nr. 500

| Soll | | | Haben | | |
|---|---|---|---|---|---|
| | | | | | |

b) Beleg Nr. 501

| Soll | | Haben | |
|---|---|---|---|
| | | | |

c) Beleg Nr. 502

| Soll | | | Haben | | |
|---|---|---|---|---|---|
| | | | | | |

d) Beleg Nr. 503

| Soll | | Haben | |
|---|---|---|---|
| | | | |

*Fortsetzung auf der nächsten Seite*

**6.4.1**

*Fortsetzung*

Kontieren Sie die Belege **504 – 506** mithilfe der folgenden Konten vor.

**Konten zu Aufgabe 6.4.1 e) – g)**

1. Forderungen a. LL (101)
2. Kreditinstitute (131)
3. Vorsteuer (140)
4. Verbindlichkeiten a. LL (171)
5. Umsatzsteuer (180)
6. Liefererskonti (308)
7. Warenverkauf (801)
8. Rücksendungen von Kunden (805)
9. Kundenskonti (808)

Tragen Sie dazu die **Kennziffern** vor den zutreffenden Konten (**nicht** die Kontennummern!) getrennt nach Soll und Haben in die T-Konten ein.

e) Beleg Nr. 504

| Soll | | Haben | |
|---|---|---|---|
| | | | |

f) Beleg Nr. 505

| Soll | | | Haben | | |
|---|---|---|---|---|---|
| | | | | | |

g) Beleg Nr. 506

Position 1: Spies & Co. KG

| Soll | | | Haben | | |
|---|---|---|---|---|---|
| | | | | | |

Position 2: M & P Möbelfabrik

| Soll | | | Haben | | |
|---|---|---|---|---|---|
| | | | | | |

**6.4.2**

Ermitteln Sie aus den Belegen **500 – 506**

a) den Vorumsatz — € ____,__

b) den Umsatz — € ____,__

c) den Vorsteuerkorrekturbetrag aufgrund der Zahlung an den Lieferer abzüglich Skonto — € __,__

d) den Umsatzsteuerkorrekturbetrag aufgrund der Zahlung des Kunden abzüglich Skonto — € __,__

e) die insgesamt absetzbare Vorsteuer — € ____,__

f) die Umsatzsteuerschuld — € ___,__

g) den Zinssatz des Liefererkredits, der dem Skontosatz entspricht — % __,__

 

## Aufgabe 6.5

**Der Controller der Bürowelt GmbH stellte bei den Verbrauchsmaterialien (Schreibmaterial, Papier, Druckerfarbe, Toner u. a.) eine Entwicklung des Lagerbestandes gegenüber dem Vorjahr fest:**

| | Vorjahr | Berichtsjahr |
|---|---|---|
| Durchschnittlicher Lagerbestand | 300.000,00 EUR | 336.000,00 EUR |
| Umschlagshäufigkeit (UH) | 8 mal | 10 mal |
| Kalkulationsfaktor | 1,75 | 1,75 |
| Fixe Handlungskosten | 1.320.000,00 EUR | 2.016.000,00 EUR |
| Verkaufsfläche in m² | 800 | 1.000 |
| Verkaufspersonal | 20 | 25 |

### 6.5.1

Erstellen Sie einen Zeitvergleich in folgender Tabelle:

| Vergleichskennzahlen | Vorjahr | Berichtsjahr |
|---|---|---|
| a) Wareneinsatz | | |
| b) Warenumsatz | | |
| c) Selbstkosten | | |
| d) Rohgewinn/Deckungsbeitrag | | |
| e) Reingewinn | | |
| f) Durchschnittliche Lagerdauer | | |
| g) Umsatzrentabilität | | |
| h) Wirtschaftlichkeit | | |
| i) Flächenproduktivität | | |
| j) Personalproduktivität | | |

### 6.5.2

Welche **beiden** Aussagen zum Zeitvergleich sind **falsch?** ☐ ☐

1. Es wurde gegenüber dem Vorjahr eine Umsatzsteigerung von 40 % erzielt, aber nur eine Gewinnsteigerung von 5 %.
2. Die Lagerdauer konnte gegenüber dem Vorjahr um 20 % verkürzt werden.
3. Der Umsatz pro m² und pro Verkaufsperson stieg um 12 %.
4. Das eingesetzte Kapital erzielte 25 % weniger Rendite als im Vorjahr.
5. Mit einem EUR an Kosten werden im Berichtsjahr 1,09 EUR Erträge erzielt, im Vorjahr noch 1,13 EUR.
6. Da die Lagerdauer verkürzt wurde, konnten die Handlungskosten im Vergleich zum Wareneinsatz gesenkt werden.

## Aufgabe 6.6

**Werten Sie das in der Anlage abgebildete GuV-Konto der „Bürowelt GmbH“ aus.**

### 6.6.1

Ermitteln Sie

a) die Handlungskosten — € ________,__

b) den Handlungskostenzuschlagssatz — __ %

c) den erreichten Gewinnzuschlagssatz (auf eine Nachkommastelle) — __,_ %

d) den Rohgewinn — € ________,__

e) den Anteil der Gehälter an den Handlungskosten in Prozent (auf eine Nachkommastelle) — __,_ %

f) die durchschnittliche Umsatzprovision in Prozent — _ %

g) die Umsatzrentabilität — _,__ %

### 6.6.2

Der Umsatz wurde durch 15 Handelsvertreter vermittelt. In dieser Situation wird überlegt, auf einen Vertrieb mit 15 Handlungsreisenden umzustellen, die ein Monatsfixum von 2.000,00 EUR und eine umsatzabhängige Provision von 2,5 % erhalten sollen.

a) Welches Bruttojahresgehalt hätte jeder Reisende bei dem jetzigen Umsatz der Bürowelt GmbH erzielt? — € ______,__

b) Bei welchem Umsatz würden durch die alternativen Vertriebsformen dieselben Kosten verursacht? — € ______,__

c) Ab welchem Umsatz lohnt sich die Umstellung auf Reisende, wenn für deren Anwerbung und Schulung 150.000,00 EUR aufzuwenden sind? — € _______,__

### 6.6.3

Künftig soll die Auswertung des GuV-Kontos mithilfe des Tabellenkalkulationsprogramms „Excel“ durchgeführt werden (s. Anlage).

Stellen Sie fest, welche Formeln in den Zellen C16, C17, C18 und C19 zu hinterlegen sind.

## Aufgabe 6.7

**Die Großhandlung Bürowelt GmbH hat von der NOVUM GmbH Waren bezogen und dafür die in der Anlage abgebildete Rechnung erhalten.**

**Sie sollen in der Finanzbuchhaltung überprüfen, ob der vom Lieferer angebotene Liefererkredit oder, um Skonto ausnutzen zu können, der von der Hausbank angebotene Kontokorrentkredit zum Effektivzinssatz von 12 % in Anspruch genommen werden soll.**

### 6.7.1

Ermitteln Sie

a) den Skontobetrag — € ,

b) den Überweisungsbetrag bei Skontoinanspruchnahme — € ,

c) die Zinsen des benötigten Kontokorrentkredits — € ,

d) den Finanzierungsgewinn/-verlust, wenn der Kontokorrentkredit zur Ausnutzung des Skontos in Anspruch genommen wird.
Kennzeichnen Sie das Ergebnis bei einem Gewinn mit einem Pluszeichen und bei einem Verlust mit einem Minuszeichen. — +/- € ,

e) den Effektivzinssatz, der dem Skontosatz entspricht — % ,

### 6.7.2

**Konten zu Aufgabe 6.7.2**

1. Forderungen a. LL (101)
2. Kreditinstitute (131)
3. Vorsteuer (140)
4. Verbindlichkeiten a. LL (171)
5. Umsatzsteuer (180)
6. Wareneingang (301)
7. Warenbezugskosten (302)
8. Liefererskonti (308)
9. Warenverkauf (801)

Kontieren Sie mithilfe der oben angegebenen Konten vor.

Tragen Sie dazu die Kennziffern vor den zutreffenden Konten getrennt nach Soll und Haben in die folgenden T-Konten ein.

a) die Eingangsrechnung — Soll | Haben

b) den Rechnungsausgleich durch Banküberweisung nach Abzug von Skonto — Soll | Haben

### 6.7.3

Um welchen Betrag muss die Umsatzsteuer aufgrund der Skontozahlung korrigiert werden?

€ ,

### 6.7.4

Prüfen Sie folgende Aussagen zu den beiden Kreditarten und tragen Sie ins Lösungsfeld eine

**1.** ein, wenn sie auf den Liefererkredit,

**2.** ein, wenn sie auf den Kontokorrentkredit,

**3.** ein, wenn sie auf beide Kreditarten,

**4.** ein, wenn sie auf keine der beiden Kreditarten

zutrifft.

**Aussagen**

a) Er kann als Sicherungsübereignungskredit ausgestaltet werden.

b) Er eignet sich, den Kreditbedarf jederzeit an den Finanzbedarf anzupassen.

c) Er ist eine Form des Personalkredits.

d) Er ist eine Form der kurzfristigen Finanzierung.

e) Es ist ein Realkredit.

f) Die Bedingungen dieses Kredits wurden im Kaufvertrag vereinbart.

g) Es wird ein Kreditlimit vertraglich vereinbart.

## Aufgabe 6.8

**Erstellen Sie die Verdienstabrechnung der Angestellten Verena Wirtz mithilfe des in der Anlage abgebildeten Auszuges aus der Abzugstabelle sowie den folgenden Angaben zu den Sozialversicherungen:**

| **Beitragssätze zur Sozialversicherung (AG und AN gesamt)** | |
|---|---|
| Krankenversicherung (zuzügl. 0,9 % Arbeitnehmersonderbeitrag) | 14,6 % |
| Rentenversicherung | 18,9 % |
| Arbeitslosenversicherung | 3,0 % |
| Pflegeversicherung (zuzügl. 0,25 % für kinderlose Arbeitnehmer über 23 Jahre) | 2,05 % |

**Tragen Sie die ermittelten Werte zunächst in den folgenden Vordruck ein:**

**• • Bürowelt GmbH • •**

Großhandlung
Bürobedarf, Büromöbel, Bürotechnik

| | | | |
|---|---|---|---|
| **Name:** *Verena Wirtz* | **Straße:** *Händelstraße*<br>**PLZ/Ort:** *50674 Köln* | **Verdienstabrechnung**<br>**für Monat:** *Oktober* | **Jahr:** *2013* |

| **Personal-nummer** | **Abt.** | **Kosten-stelle** | **Geburtsdatum** | **Eintritts-datum** | **Sozialversicherungsnummer** |
|---|---|---|---|---|---|
| *II 1 78-1* | *Verkauf* | *II* | *15.06.1962* | *01.10.2005* | *12 24 10 44 N 21 3* |

| **Lohn-steuer-klasse:** | **Kinder-freibe-trag:** | **Steuerfrei-betrag pro Monat:** | **Konfession:** | **Bank-verbindung:** | **BLZ:** | **Kontonummer:** |
|---|---|---|---|---|---|---|
| *I* | *0* | *150,00 EUR* | *ev* | *SEB Köln* | *370 101 11* | *11 608 670* |

| | | |
|---|---|---|
| **Bruttogehalt:** | | **EUR 2.450,00** |
| **Gesetzliche Abzüge** | | |
| Lohnsteuer: | **EUR** | |
| Solidaritätszuschlag: | **EUR** | |
| Kirchensteuer (9 %): | **EUR** | |
| Krankenversicherung: | **EUR** | |
| Rentenversicherung: | **EUR** | |
| Arbeitslosenversicherung: | **EUR** | |
| Pflegeversicherung: | **EUR** | |
| **Summe gesetzliche Abzüge:** | | **EUR** |
| **Nettogehalt:** | | **EUR** |
| **Sonstige Abzüge:** | | **EUR 0,00** |
| **Auszahlungsbetrag:** | | **EUR** |

### 6.8.1

Ermitteln Sie

a) die Summe der für das Finanzamt einzubehaltenden Abzüge | € ,

b) den Arbeitnehmeranteil zu den Sozialversicherungen | € ,

c) den Arbeitgeberanteil zu den Sozialversicherungen | € ,

d) das Nettogehalt | € ,

e) den Anteil der gesetzlichen Abzüge vom Bruttogehalt (auf eine Nachkommastelle) | % ,

### 6.8.2

Das Bundesdatenschutzgesetz schreibt den Schutz personenbezogener Daten vor missbräuchlicher Verwendung vor.

Prüfen Sie, welche **beiden** der folgenden Maßnahmen **nicht** geeignet sind, missbräuchliche Verwendung auszuschließen. Tragen Sie die Kennziffern dieser beiden Maßnahmen in die Lösungskästchen ein.

**1.** Namentliche und zeitliche Kontrolle über eingegebene, benutzte, veränderte und gelöschte Daten

**2.** Zugangskontrolle zu Rechnern der Personalabteilung mithilfe von Passwörtern und Datenträgern

**3.** Strenge Kontrollen beim Transport von Datenträgern der Personalabteilung

**4.** Vernetzung des Personal- und Lohnbüros mit Polizeidatenbanken

**5.** Benutzerkontrolle bei Übertragung personenbezogener Daten auf die ausgegliederte Personalverwaltung

**6.** Eingrenzung des Zugriffs auf Personen des Betriebsrates

## Ihre Notizen

# Aufgabenblock 7

# 7 Aufgabenblock 7.1 – 7.10

## Bearbeitungshinweise

Im Aufgabenblock 7 werden Sie mit Fragen zu

- Inventur und Bewertung,
- Belegbuchungen und -auswertungen,
- Beschaffung und Abschreibung von Anlagen,
- Leistungskennzahlen im Betriebsvergleich,
- unterschiedlichen Aufwendungen und Erträgen in der Abgrenzungsrechnung,
- Auswertung buchhalterischer Daten zum Kerngeschäft der Großhandlung,
- Entscheidungsvorbereitung mithilfe der Deckungsbeitragsrechnung und letztlich
- der Gehaltsabrechnung

konfrontiert.

Insgesamt haben Sie dabei in **180 Minuten ca. 95 Einzelprobleme** zu lösen.

Wenn zur Bearbeitung der Aufgabe **Belege** gefordert sind, ist dies in der Aufgabenstellung angegeben. Die entsprechenden Belege finden Sie in der **Anlage.**

## Aufgabe 7.1

In der Bürowelt GmbH werden die Warenbestände mithilfe der **permanenten Inventur** kontrolliert.

Prüfen Sie, welche der folgenden Aussagen diese Inventurmethode richtig beschreibt.

1. Ist- und Sollbestände werden zum Bilanzstichtag abgeglichen.
2. Durch die Einpflege aller Anfangsbestände, der Zu- und Abgänge ins Warenwirtschaftssystem wird eine körperliche Bestandsaufnahme überflüssig.
3. Regelmäßig werden die Bestände zum Monatsende körperlich aufgenommen, um den durchschnittlichen Lagerbestand möglichst genau zu ermitteln.
4. Während des Geschäftsjahres werden alle Artikel zu unterschiedlichen Zeitpunkten über das ganze Jahr verteilt wenigstens einmal körperlich aufgenommen und mithilfe des Soll-Ist-Vergleichs mit den Lagerbeständen lt. Lagerbuchführung abgeglichen.
5. Die körperliche Aufnahme der Bestände erfolgt im Jahr regelmäßig in gleichbleibenden Abständen.

Tragen Sie die Kennziffer der richtigen Aussage in das Lösungskästchen ein.

## Aufgabe 7.2

**Die Datei des Artikels Nr. 43548, „CD-R-50er-Spindel“, Marke DeDeKa, ist auszuwerten:**

| Datum | Vorgang | Zugänge in Spindel | Anschaffungskosten in EUR je Spindel | Abgänge in Spindel | Bestand in Spindel |
|---|---|---|---|---|---|
| 01.10. | Anfangsbestand | | 4,85 | | 1.000 |
| 14.10. | Verkauf lt. AR 1035 | | | 500 | |
| 22.10. | Einkauf lt. ER 385 | 2.000 | 4,90 | | |
| 05.11. | Verkauf lt. AR 1153 | | | 1.400 | |
| 16.11. | Verkauf lt. AR 1161 | | | 800 | |
| 22.11. | Einkauf lt. ER 4291 | 3.000 | 4,80 | | |
| 05.12. | Verkauf lt. AR 1210 | | | 1.500 | |
| 22.12. | Verkauf lt. AR 1211 | | | 1.200 | |

Ermitteln Sie

a) den Endbestand lt. permanenter Inventur — Spindel

b) den durchschnittlichen Lagerbestand des letzten Quartals (möglichst genau) — Spindel

*Fortsetzung auf der nächsten Seite*

## Aufgabe 7.2

*Fortsetzung*

c) zum Zwecke der Bewertung die durchschnittlichen Anschaffungskosten je Spindel — € ,

d) die Absatzmenge des letzten Quartals — Spindel

e) den Wareneinsatz des Artikels 43548 zum Durchschnittswert — € ,

f) den Inventurwert zum gewogenen Durchschnittspreis zum 31.12. — € ,

g) die Umschlagshäufigkeit des Artikels im letzten Quartal (auf eine Nachkommastelle) — mal ,

h) In der Preisliste für das kommende Quartal bietet der Hersteller den Artikel zum Festpreis von 4,85 EUR an. Mit welchem Wert ist der Bestand des Artikels im Inventarverzeichnis anzusetzen? — € ,

i) Der Artikel wurde im letzten Quartal zum Preis von 77,50 EUR je Karton à 10 Stück verkauft. Dabei hat die Bürowelt GmbH mit einem Kalkulationsfaktor von 1,55 kalkuliert. Mit welchem durchschnittlichen Anschaffungswert je Spindel wurde gerechnet? — € ,

 

## Aufgabe 7.3

**Die in der Anlage abgebildeten Belege 807 bis 813 sind zu erfassen und auszuwerten.**

### 7.3.1

Kontieren Sie mithilfe der folgenden Konten der „Bürowelt GmbH“ die Belege **807 bis 810** vor. Tragen Sie hierzu die Kennziffern vor den zutreffenden Konten (nicht die Kontennummern!) getrennt nach Soll und Haben in die T-Konten ein.

**Konten zu Aufgabe 7.3.1 a) – d)**

1. Forderungen a. LL (101)
2. Kreditinstitute (131)
3. Vorsteuer (140)
4. Verbindlichkeiten a. LL (171)
5. Umsatzsteuer (180)
6. Energie, Brennstoffe (430)
7. Betriebskosten, Instandhaltung (470)
8. Bürobedarf (481)
9. Warenverkauf (801)

a) Beleg Nr. 807 — Soll | Haben

b) Beleg Nr. 808 — Soll | Haben

c) Beleg Nr. 809 — Soll | Haben

d) Beleg Nr. 810 — Soll | Haben

*Fortsetzung auf der nächsten Seite*

 

## 7.3.1

*Fortsetzung*

Kontieren Sie mithilfe der folgenden Konten der „Bürowelt GmbH" die Belege **811 bis 813** vor. Tragen Sie hierzu die Kennziffern vor den zutreffenden Konten (nicht die Kontennummern!) getrennt nach Soll und Haben in die T-Konten ein.

**Konten zu Aufgabe 7.3.1 e) – i)**

1. Forderungen a. LL (101)
2. Kreditinstitute (131)
3. Vorsteuer (140)
4. Verbindlichkeiten a. LL (171)
5. Umsatzsteuer (180)
6. Energie, Brennstoffe (430)
7. Liefererskonti (308)
8. Kundenskonti (808)

e) Beleg Nr. 811 in Verbindung mit den Belegen 812 und 813, Position 4: Tankstelle an der Autobahn

Soll | Haben

f) Beleg Nr. 813, Position 1: Tipp Topp GmbH

Soll | Haben

g) Beleg Nr. 813, Position 2: Stempel Franz e.K.

Soll | Haben

h) Beleg Nr. 813, Position 3: Stadtverwaltung Köln, Nettobuchung

Soll | Haben

i) Beleg 813, Position 5: Stadtverwaltung Köln

Soll | Haben

## 7.3.2

Ermitteln Sie

a) den Umsatzsteuerkorrekturbetrag aus Beleg 813, Position 3

€ ,

b) den Umsatzsteueranteil in Beleg 811

€ ,

c) die absetzbare Vorsteuer aufgrund der Belege 807 – 813

€ ,

d) die Umsatzsteuerschuld aufgrund der Belege 807 – 813

## Aufgabe 7.4

**Die Bürowelt GmbH hat am 1. April des Geschäftsjahres einen Kleintransporter angeschafft und in diesem Zusammenhang die in der Anlage abgebildeten Belege erhalten.**

**In der Anlagenbuchhaltung werden die für die Abschreibung notwendigen Daten in einer Anlagendatei festgehalten:**

**Bürowelt GmbH**
Großhandlung
Bürobedarf, Büromöbel, Bürotechnik

**ANLAGENDATEI**

| | | | |
|---|---|---|---|
| **Gegenstand:** | *Kleintransporter K-BW-222* | **Fahrzeug-Nr.:** | *123454D8769* |
| **Fabrikat:** | *Voltige TDI* | **Lieferer:** | *Autohaus Wiesberg GmbH* |
| **Nutzungsdauer:** | *8 Jahre* | **Anschaffungskosten:** | |
| **Konto-Nr.:** | *034 Fuhrpark* **AfA-Satz:** | **AfA-Methode:** | *linear* |

| Datum | Beleg | Zugang EUR | Abgang/AfA EUR | Bestand EUR |
|---|---|---|---|---|
| 06.04.2013 | ER 1286 | | | |

### 7.4.1

Ermitteln Sie

a) die Anschaffungskosten des Kleintransporters — € ______ , __

b) den AfA-Satz — % __ , _

c) den jahresanteiligen AfA-Betrag für das Anschaffungsjahr — € _____ , __

d) den Buchwert zum Ende des Anschaffungsjahres — € ______ , __

e) den Abgrenzungsbetrag der Kfz-Versicherung zum 31.12. — € ___ , __

### 7.4.2

Bilden Sie die Buchungssätze mithilfe der folgenden Konten der Bürowelt GmbH.

Tragen Sie hierzu die Kennziffern vor den zutreffenden Konten (nicht die Kontennummern!) getrennt nach Soll und Haben in die T-Konten ein.

**Konten zu Aufgabe 7.4.2**

1. Fuhrpark (034)
2. Aktive Rechnungsabgrenzung (091)
3. Kreditinstitute (131)
4. Vorsteuer (140)
5. Verbindlichkeiten a. LL (171)
6. Umsatzsteuer (180)
7. Kfz-Steuer (422)
8. Versicherungen (426)
9. Abschreibungen auf Sachanlagen (491)

Buchung

a) der Rechnung 1286 — Soll ☐ ☐ | Haben ☐ ☐

b) zur Erfassung der Abschreibung — Soll ☐ | Haben ☐

c) zu Beleg 2, Position 1: Autohaus Wiesberg — Soll ☐ | Haben ☐

d) zu Beleg 2, Positon 2: Colonia Versicherung, unter Berücksichtigung der zeitlichen Abgrenzung — Soll ☐ ☐ | Haben ☐ ☐

e) zu Beleg 2, Position 3: Finanzamt Köln-Nord — Soll ☐ | Haben ☐

**7.4.3**

Geben Sie an, welcher der nachstehenden Buchungssätze auf den Abschluss

a) des Kontos „Abschreibungen“ ☐

b) des Kontos „Fuhrpark“ ☐

zutrifft.

Tragen Sie die Kennziffer der zutreffenden Buchungssätze in die Lösungskästchen ein.

**Buchungssätze**

**1.** Abschreibungen (491) an Fuhrpark (034)
**2.** Schlussbilanzkonto (940) an Fuhrpark (034)
**3.** Schlussbilanzkonto (940) an Abschreibungen auf Sachanlagen (491)
**4.** Gewinn und Verlust (930) an Fuhrpark (034)
**5.** Gewinn und Verlust (930) an Abschreibungen auf Sachanlagen (491)
**6.** Eigenkapital (060) an Abschreibungen auf Sachanlagen (491)

## Aufgabe 7.5

**Bei einem Betriebsvergleich der Bürowelt GmbH mit einem Mitbewerber, der Büro-Komplett GmbH, wurden vom Controller aufgrund einer Auswertung des veröffentlichten Jahresabschlusses folgende Werte ermittelt:**

| | Bürowelt GmbH | Büro-Komplett GmbH |
|---|---|---|
| Durchschnittlicher Lagerbestand in TEUR | ? | 1.520 |
| Umschlagshäufigkeit | 20 | ? |
| Wareneinsatz in TEUR | 35.200 | ? |
| Lagerdauer in Tagen | ? | 24 |
| Durchschnittlicher kalkulatorischer Lagerzinssatz in % bei einem Marktzinssatz von 9 % | ? | ? |
| Jahresumsatz in TEUR | 56.320 | 41.040 |
| Mitarbeiter | 110 | 60 |

**7.5.1**

Berechnen Sie für die Bürowelt GmbH

a) den durchschnittlichen Lagerbestand — TEUR ☐☐☐☐

b) die durchschnittliche Lagerdauer — Tage ☐☐

c) den kalkulatorischen Lagerzinssatz — % ☐,☐☐

### 7.5.2

Berechnen Sie für die Büro-Komplett GmbH

a) die Umschlagshäufigkeit — mal

b) den Wareneinsatz — TEUR

c) den kalkulatorischen Lagerzinssatz — % ,

### 7.5.3

Welchen Umsatz müsste die Bürowelt GmbH bei gleicher Personalproduktivität wie die Büro-Komplett GmbH erzielen? — TEUR

### 7.5.4

Um wie viel Prozent müsste die Mitarbeiterproduktivität in der Bürowelt GmbH verbessert werden (auf eine Nachkommastelle)? — % ,

### 7.5.5

Der Controller sieht aufgrund der Mitarbeiterproduktivitätsabweichung Handlungsbedarf in der Bürowelt GmbH.

Sie werden in diesen Controlling-Prozess einbezogen. In einem Brainstorming werden unterschiedliche Schritte des Vorgehens vorgeschlagen. Bringen Sie diese in die richtige Reihenfolge, indem Sie die Ziffern 1 bis 6 in die Lösungskästchen eintragen.

a) Durchführung der geplanten Korrekturen

b) Zielvereinbarungen mit den Mitarbeiter/innen, z. B. Steigerung der Produktivität um 10 %.

c) Vorschläge verschiedener Korrekturmaßnahmen

d) Ermittlung von Abweichungsursachen

e) Entwicklung von Einzelplänen

f) Entscheidung für bestimmte Korrekturmaßnahmen

## Aufgabe 7.6

**Zu Beginn des Geschäftsjahres (05.01.) werden nach Anschaffung, Montage, TÜV-Abnahme und Probelauf einer Lagersteuerungsanlage für Zwecke der bilanzmäßigen und kalkulatorischen Abschreibungen folgende Daten in die Anlagendatei aufgenommen:**

- **Anschaffungskosten 250.000,00 €**
- **Betriebsgewöhnliche Nutzungsdauer 16 Jahre**
- **Wiederbeschaffungskosten nach 20 Jahren 400.000,00 €**
- **Betriebsindividuelle Nutzungsdauer 20 Jahre**
- **Lineare Abschreibung in der Finanzbuchführung und in der Kosten- und Leistungsrechnung**

### 7.6.1

Errechnen Sie für die Finanzbuchhaltung

a) den Abschreibungssatz (% ,)

b) den Abschreibungsbetrag des 1. Nutzungsjahres (€ ,)

c) den Buchwert am Ende des 1. Nutzungsjahres (€ ,)

### 7.6.2

Errechnen Sie für die Kosten- und Leistungsrechnung

a) den Abschreibungssatz der kalkulatorischen Abschreibung (%)

b) den Betrag der kalkulatorischen Abschreibung (€ ,)

### 7.6.3

Bilanzmäßige und kalkulatorische Abschreibungen werden in der Abgrenzungsrechnung zur KLR mit folgendem Aufbau berücksichtigt:

| Abgrenzungsrechnung / Aufwands- und Ertragspositionen | I Werte der Finanzbuchhaltung | | II Abgrenzungsrechnung und kostenrechnerische Korrekturen | | III Kosten- und Leistungsarten | |
|---|---|---|---|---|---|---|
| | **1** | **2** | **3** | **4** | **5** | **6** |
| Bezeichnung | Aufwendungen | Erträge | betriebsfremde, betr. a. o. Aufwendungen | betriebsfremde, betr. a. o. Erträge, verrechnete kalkulatorische Kosten | Kosten | Leistungen |
| | | | | | | |

Stellen Sie fest, in welchen Spalten (Kennziffern 1 – 6) dieser Abgrenzung **Spalten**

a) die bilanzmäßige Abschreibung

b) die kalkulatorische Abschreibung

steht.

 

## Aufgabe 7.7

Prüfen Sie, welche der unten stehenden Sachverhalte gegenüber einem säumigen Kunden der Bürowelt GmbH

**1.** zu einer Hemmung der Verjährung
**2.** zu einem Neubeginn der Verjährung
**3.** weder zu einer Hemmung noch zu einem Neubeginn der Verjährung

führen.

Tragen Sie die Kennziffern der zutreffenden Wirkung in die Lösungskästchen neben den Maßnahmen ein.

**Maßnahmen**

| | |
|---|---|
| a) Antrag auf Zustellung des Mahnbescheides durch die Bürowelt GmbH. | |
| b) Teilzahlung durch den Kunden. | |
| c) Anerkennung von Ansprüchen aus mangelhafter Lieferung, indem die Bürowelt GmbH kostenlos nachgebessert hat. | |
| d) Zahlungsaufschub des Kunden aufgrund einer Vereinbarung mit der Bürowelt GmbH. | |
| e) Gerichtliche Auseinandersetzung mit dem Kunden über einen geltend gemachten Anspruch aufgrund einer mangelhaften Lieferung. | |
| f) Letzte außergerichtliche Mahnung mit Androhung gerichtlicher Schritte. | |

## Aufgabe 7.8

**Die folgenden Konten des Hauptbuches der Bürowelt GmbH (Stand 31.12.20..) sind unter Berücksichtigung eines Warenendbestandes lt. Inventur von 2.418.000,00 EUR auszuwerten:**

| Kto.-Nr. | Kontenbezeichnung | Soll EUR | Haben EUR |
|---|---|---|---|
| 140 | Vorsteuer | 8.157.200 | 7.635.800 |
| 180 | Umsatzsteuer | 11.160.100 | 12.739.500 |
| 301 | Wareneingang | 41.283.375 | |
| 302 | Warenbezugskosten | 838.125 | |
| 306 | Lieferernachlässe | | 976.000 |
| 308 | Liefererskonti | | 888.500 |
| 390 | Warenbestände | 2.055.000 | |
| 801 | Warenverkauf | | 69.550.400 |
| 806 | Nachlässe an Kunden | 794.000 | |
| 808 | Kundenskonti | 1.125.600 | |

### 7.8.1

Ermitteln Sie aus diesen Angaben

a) die Umsatzsteuerzahllast für Dezember € ,

b) die Warenbestandsveränderung € ,

c) den Wareneinsatz € ,

d) den Umsatz € ,

e) den Rohgewinn € ,

f) den durchschnittlichen Lagerbestand € ,

g) die Umschlagshäufigkeit (auf volle Zahl kaufm. runden) mal

h) die durchschnittliche Lagerdauer Tage

### 7.8.2

Geben Sie an, welcher der folgenden Buchungssätze jeweils auf die unten angegebenen Umbuchungen zutrifft.

**Buchungssätze**

| | | |
|---|---|---|
| **1.** Schlussbilanzkonto (940) | an | Vorsteuer (140) |
| **2.** Wareneingang (301) | an | Warenbezugskosten (302) |
| **3.** Wareneingang (301) | an | Warenbestände (390) |
| **4.** Umsatzsteuer (180) | an | Vorsteuer (140) |
| **5.** Gewinn und Verlust (930) | an | Kundenskonti (808) |
| **6.** Warenverkauf (801) | an | Kundenskonti (808) |
| **7.** Warenbezugskosten (302) | an | Wareneingang (301) |
| **8.** Warenbestände (390) | an | Wareneingang (301) |

**Umbuchungen**

a) Abschluss des Kontos „Vorsteuer" zur Ermittlung der Umsatzsteuerzahllast

b) Erfassung der „Warenbestandsveränderungen"

c) Abschluss des Kontos „Warenbezugskosten"

d) Abschluss des Kontos „Kundenskonti"

### 7.8.3

Geben Sie an, welcher der folgenden Buchungssätze jeweils auf den Abschluss der unten angegebenen Konten zutrifft.

**Buchungssätze**

| | | |
|---|---|---|
| **1.** Warenverkauf (801) | an | Gewinn und Verlust (930) |
| **2.** Schlussbilanzkonto (940) | an | Warenbestände (390) |
| **3.** Umsatzsteuer (180) | an | Vorsteuer (140) |
| **4.** Gewinn und Verlust (930) | an | Wareneingang (301) |
| **5.** Schlussbilanzkonto (940) | an | Wareneingang (301) |
| **6.** Gewinn und Verlust (930) | an | Warenverkauf (801) |
| **7.** Umsatzsteuer (180) | an | Schlussbilanzkonto (940) |
| **8.** Warenbestände (390) | an | Schlussbilanzkonto (940) |

**Konten**

a) Wareneingang

b) Warenverkauf

c) Warenbestände

d) Umsatzsteuer

## Aufgabe 7.9

**Die Bürowelt GmbH verkaufte im letzten Geschäftsjahr 12.650 Stück des Drehstuhls „Ergomat":**

| | EUR |
|---|---|
| Umsatzerlöse | 2.504.700,00 |
| Wareneinsatz | 1.480.050,00 |
| Variable Handlungskosten | 189.750,00 |
| Fixe Handlungskosten | 227.700,00 |

### 7.9.1

Ermitteln Sie

a) den Verkaufspreis je Stück — € ___,__

b) die variablen Kosten je Stück — € ___,__

c) den Deckungsbeitrag je Stück — € __,__

d) den Jahreserfolg mit dem Drehstuhl „Ergomat"
Kennzeichnen Sie den Erfolg mit einem Pluszeichen, wenn es ein Gewinn ist und mit einem Minuszeichen, wenn es ein Verlust ist. — +/− € ______,__

### 7.9.2

Ermitteln Sie im Zusammenhang mit absatzpolitischen Überlegungen für diesen Artikel

a) die Gewinnschwellenmenge — Stück ____

b) die Gesamtkosten bzw. den Umsatz am Break-even-point — € ______,__

c) die kurzfristige Preisuntergrenze — € ___,__

### 7.9.3

Für das kommende Geschäftsjahr wird eine Gewinnsteigerung mit diesem Artikel um 4 % geplant.

a) Wie viel Stück müssten bei gleichbleibenden Bedingungen abgesetzt werden? — Stück _____

b) Um wie viel Prozent müsste der Absatz gesteigert werden?
(auf eine Nachkommastelle runden) — % _,_

## Aufgabe 7.10

**Die neue Mitarbeiterin Grete Weise möchte kurz nach ihrer Einstellung in der Marketingabteilung von Ihnen ihr Nettogehalt berechnet haben.**

**Frau Weise erhält ein Bruttogehalt von 2.750,00 EUR. Sie ist 25 Jahre alt, ledig und hat keine Kinder.**

**Dazu legen Sie ihr folgendes Schema der Gehaltsabrechnung vor:**

| | | |
|---|---|---|
| **Bruttogehalt** (Steuerklasse I/0) | | 2.750,00 EUR |
| **Lohnsteuer:** | | 399,91 EUR |
| **Solidaritätszuschlag:** | 5,5 % | ........ |
| **Kirchensteuer:** | 9 % | ........ |
| **Krankenversicherung:** (Arbeitnehmeranteil | 7,3 % + 0,9 % AN-Zusatzbeitrag) | ........ |
| **Rentenversicherung:** (Arbeitnehmeranteil | 9,45 %) | ........ |
| **Arbeitslosenversicherung:** (Arbeitnehmeranteil | 1,5 %) | ........ |
| **Pflegeversicherung:** (Arbeitnehmeranteil | 1,025 % + 0,25 % AN-Zusatzbeitrag) | ........ |

Ermitteln Sie mithilfe der angegebenen Prozentsätze die gesetzlichen Abzüge und berechnen Sie

a) die Summe der Abzüge für das Finanzamt — € ___,__

b) den Arbeitnehmeranteil zur Sozialversicherung — € ___,__

c) die Summe der gesetzlichen Abzüge (nur AN) — € ___,__

d) das Nettogehalt — € ___,__

e) den prozentualen Anteil der gesetzlichen Abzüge am Bruttogehalt — % __,_

f) den Arbeitgeberanteil zur Sozialversicherung — € ___,__

g) den Gesamtpersonalaufwand, den Frau Weise für das Unternehmen verursacht — € ___,__

## Ihre Notizen

8

# Aufgabenblock 8

# 8 Aufgabenblock 8.1 – 8.8

## Bearbeitungshinweise

Der Aufgabenblock 8 fordert von Ihnen die Auseinandersetzung mit den Ergebnissen der Buchführung und Inventur: neben der Berechnung von Kennzahlen wird von Ihnen die Wiederholung von Abschlussbuchungen und die Erklärung von Abweichungen der Istbestände von den Sollbeständen gefordert. Danach haben Sie einen umfangreichen Belegblock mit umsatzsteuerlichen und kalkulatorischen Problemen zu bearbeiten, ehe Sie Finanzierungsentscheidungen an den Beispielen des Liefererkredits und Factorings und Verfahrensentscheidungen am Beispiel von Handelsvertretern und Handlungsreisenden zu treffen haben.

Letztlich sollten Sie in diesem Aufgabenblock über die Abgrenzungsrechnung für Probleme der Kosten- und Leistungsrechnung sensibilisiert und mit Anwendungsfeldern der Zuschlagskalkulation in der Vollkostenrechnung und der Deckungsbeitragsrechnung in der Teilkostenrechnung konfrontiert werden.

Sie haben zur Lösung der anstehenden Probleme wieder **180 Minuten** Zeit, dabei haben Sie **ca. 80 Einzelaufgaben** zu lösen.

Wenn zur Bearbeitung der Aufgabe **Belege** gefordert sind, ist dies in der Aufgabenstellung angegeben. Die entsprechenden Belege finden Sie in der **Anlage.**

## Aufgabe 8.1

**Der Jahresabschluss der Bürowelt GmbH ist auszuwerten:**

| A | Bilanz in TEUR | | P |
|---|---|---|---|
| Gebäude, Grundstücke | 39.800 | Gezeichnetes Kapital | 25.000 |
| Geschäftsausstattung | 410 | Rücklagen | 2.000 |
| Fuhrpark | 1.790 | Jahresüberschuss[1] | 10.000 |
| Warenbestand | 1.600 | Darlehensschulden[2] | 8.972 |
| Forderungen a. LL | 2.875 | Verbindlichkeiten a. LL | 2.028 |
| Bankguthaben | 1.525 | | |
| | 48.000 | | 48.000 |

[1] Laut Gewinnverwendungsbeschluss werden davon 4.000 TEUR ausgeschüttet. Der Rest wird in die Rücklage eingestellt.

[2] mit einer Restlaufzeit über 5 Jahre

| S | GuV in TEUR | | H |
|---|---|---|---|
| Wareneinsatz | 48.000 | Umsatzerlöse | 72.000 |
| Personalaufwand | 4.000 | Mieterträge[3] | 1.500 |
| Abschreibungen | 1.200 | | |
| Sonstige betriebliche Aufwendungen | 10.300 | | |

[3] aus vermieteten Gebäudeteilen

### 8.1.1

Ermitteln Sie

a) das Anlagevermögen — TEUR [ ][ ][ ][ ][ ]

b) das Umlaufvermögen — TEUR [ ][ ][ ][ ]

c) das Eigenkapital unter Berücksichtigung des Gewinnverwendungsbeschlusses — TEUR [ ][ ][ ][ ][ ]

d) das Fremdkapital unter Berücksichtigung des Gewinnverwendungsbeschlusses — TEUR [ ][ ][ ][ ][ ]

e) die Eigenkapitalquote — % [ ][ ] , [ ][ ]

f) die Barliquidität — % [ ][ ] , [ ][ ]

*Fortsetzung auf der nächsten Seite*

**8.1.1**

*Fortsetzung*

g) die Anlagendeckung I — % ,

h) die Anlagendeckung II — % ,

i) den betrieblichen Aufwand — TEUR

j) den betrieblichen Ertrag — TEUR

k) den Jahresüberschuss — TEUR

l) das Betriebsergebnis — TEUR

m) die Eigenkapitalrentabilität, bezogen auf das Eigenkapital zum Jahresanfang — % ,

**8.1.2**

Kennzeichnen Sie die unten stehenden Konten der Bürowelt GmbH mit einer

**1.**, wenn sie über das Schlussbilanzkonto
**2.**, wenn sie über das Gewinn- und Verlustkonto
**3.**, wenn sie über ein sonstiges Konto

abgeschlossen werden.

**Konten**

a) Kundenskonti

b) Verkaufsprovision

c) Zinsaufwendungen

d) Forderungen a. LL

e) Bürobedarf

f) Wareneingang/Wareneinsatz

g) Abschreibungen auf Sachanlagen

h) Warenverkauf/Umsatzerlöse

i) Aktive Rechnungsabgrenzung

j) Liefererskonti

k) Rückstellungen

## Aufgabe 8.2

**Im Rahmen der Inventur zum 31.12.20.. wird ein Kassenistbestand von 2.125,00 EUR festgestellt. Der Sollbestand beträgt 2.175,00 EUR.**

### 8.2.1

Prüfen Sie, welche **drei** der folgenden Aussagen Ursache für die Abweichung sein können.

**1.** Ein Betrag von 50,00 EUR wurde im Haben statt im Soll gebucht.
**2.** Einem Kunden wurden irrtümlich 50,00 EUR zu viel herausgegeben.
**3.** Eine Kasseneinnahme über 25,00 EUR wurde doppelt erfasst.
**4.** Der Betrag von 50,00 EUR wurde gestohlen.
**5.** Eine Ausgabe über 25,00 EUR wurde irrtümlich als Einnahme gebucht.
**6.** Eine Ausgabe über 25,00 EUR wurde zweimal gebucht.

Tragen Sie die Kennziffern der zutreffenden Aussagen in die Kästchen ein. ☐ ☐ ☐

### 8.2.2

Nach nochmaliger Prüfung des Soll- und des Istbestandes wird die Differenz nochmals bestätigt. Eine eindeutige Erklärung lässt sich nicht ableiten.

Sie sollen einen künstlichen Beleg erstellen und diesen vorkontieren.

Der Sollbestand ist an den Istbestand anzugleichen.

Geben Sie an, welcher Buchungssatz die Vorkontierung des künstlichen Beleges richtig angibt:

| | | |
|---|---|---|
| **1.** Kasse (151) | an | Sonstige Erträge (246) |
| **2.** Betriebsfremde Aufwendungen (202) | an | Kasse (151) |
| **3.** Periodenfremde Aufwendungen (203) | an | Kasse (151) |
| **4.** Sonstige Aufwendungen (206) | an | Kasse (151) |
| **5.** Kasse (151) | an | Betriebsfremde Erträge (242) |

Tragen Sie die Kennziffer des zutreffenden Buchungssatzes in das Kästchen ein. ☐

## Aufgabe 8.3

**Die in der Anlage abgebildeten Belege der Bürowelt GmbH sind zu buchen und auszuwerten.**

### 8.3.1

**Konten zu Aufgabe 8.3.1 a) – d)**

1. Forderungen a. LL (101)
2. Vorsteuer (140)
3. Verbindlichkeiten a. LL (171)
4. Umsatzsteuer (180)
5. Wareneingang (301)
6. Nachlässe von Lieferern (306)
7. Ausgangsfrachten (462)
8. Warenverkauf (801)
9. Nachlässe an Kunden (806)

Kontieren Sie die Belege 1 – 5 mithilfe der oben angegebenen Konten vor.

Tragen Sie dazu die Kennziffern vor den zutreffenden Konten (**nicht** die Kontennummern!) getrennt nach Soll und Haben in die T-Konten ein.

a) Beleg 1

| Soll | | Haben | |
|---|---|---|---|
| | | | |

b) Beleg 2

| Soll | | Haben | |
|---|---|---|---|
| | | | |

c) Beleg 3

| Soll | | Haben | |
|---|---|---|---|
| | | | |

d) Beleg 4 in Verbindung mit Beleg 5

| Soll | | Haben | |
|---|---|---|---|
| | | | |

### 8.3.1

**Konten zu Aufgabe 8.3.1 e) – h)**

1. Forderungen a. LL (101)
2. Kreditinstitute (131)
3. Vorsteuer (140)
4. Verbindlichkeiten a. LL (171)
5. Umsatzsteuer (180)
6. Nachlässe von Lieferern (306)
7. Liefererskonti (308)
8. Nachlässe an Kunden (806)
9. Kundenskonti (808)

Kontieren Sie die Belege 6 – 7 mithilfe der oben angegebenen Konten vor.

Tragen Sie dazu die Kennziffern vor den zutreffenden Konten (**nicht** die Kontennummern!) getrennt nach Soll und Haben in die T-Konten ein.

e) Beleg 6 — Soll | Haben

f) Beleg 7, Position 1: Büromöbelfabrik AG — Soll | Haben

g) Beleg 7, Position 2: Spies & Co. KG — Soll | Haben

h) Beleg 7, Position 3: Trans Logistik GmbH — Soll | Haben

### 8.3.2

Ermitteln Sie

a) aus dem Beleg 7, Position 1, den Umsatzsteuerkorrekturbetrag aufgrund der Skontozahlung — € ,

b) aus dem Beleg 7, Position 2, den Umsatzsteuerkorrekturbetrag aufgrund der Skontozahlung — € ,

c) aus den Belegen 1 bis 7 die Summe der absetzbaren Vorsteuer — € ,

d) aus den Belegen 1 bis 7 die Summe der Umsatzsteuerschuld — € ,

### 8.3.3

Mit welchem Kalkulationszuschlag hat die Bürowelt GmbH den Computerdrehstuhl „ab Werk“ kalkuliert? — %

 

**8.3.4**

Stellen Sie in der Bürowelt GmbH fest, welche der folgenden Aussagen auf

**1.** die Handelsbriefe
**2.** die Buchungsbelege
**3.** das Grundbuch
**4.** das Hauptbuch
**5.** die Nebenbücher
**6.** den Jahresabschluss

zutreffen.

Tragen Sie die Kennziffern der zutreffenden Antwort in die Lösungskästchen neben den Aussagen ein.

**Aussagen**

a) ..... dokumentieren Handelsgeschäfte und sind daher wichtigste Grundlage für die Buchführung.

b) ..... ist vom Geschäftsführer zu unterschreiben und 10 Jahre aufzubewahren.

c) ..... enthalten Erläuterungen/Erklärungen zu einzelnen Buchungsbelegen und sind 6 Jahre aufzubewahren.

d) ..... enthält die Sachkonten mit Informationen über die Auswirkung der Geschäftsfälle auf Bilanzpositionen.

e) ..... nimmt die Buchungen in zeitlicher Reihenfolge auf, ist wichtigstes Buch für die Vollständigkeitskontrolle durch die Finanzverwaltung und wird 10 Jahre aufbewahrt.

f) ..... erläutern einzelne Sachkonten und müssen 10 Jahre aufbewahrt werden.

## Aufgabe 8.4

**Ihnen liegt die in der Anlage abgebildete Ausgangsrechnung vor.**

**Die Sascha Wendt & Co. KG kann diese Rechnung nur bei Inanspruchnahme eines Kontokorrentkredits unter Abzug von Skonto begleichen. Für diesen Kredit muss die Sascha Wendt & Co. KG mit 10 % Zinsen rechnen.**

### 8.4.1

Ermitteln Sie

a) den möglichen Skontoabzug — € ,

b) den Effektivzinssatz des Liefererkredits (genaue Rechnung auf eine Stelle nach dem Komma) — % ,

c) den erforderlichen Bankkredit — € ,

d) die Zinsen für den Bankkredit — € ,

e) den Finanzierungsgewinn in EUR bei Ausnutzung des Skontos — € ,

f) den Finanzierungsgewinn in % bei Ausnutzung des Skontos — % ,

### 8.4.2

Bilden Sie mithilfe der folgenden Konten der Bürowelt GmbH den Buchungssatz bei Überweisung des Kunden unter Abzug von Skonto (Nettobuchung)

**Konten zu Aufgabe 8.4.2**

1. Forderungen a. LL (101)
2. Kreditinstitute (131)
3. Vorsteuer (140)
4. Verbindlichkeiten a. LL (171)
5. Umsatzsteuer (180)
6. Liefererskonti (308)
7. Kundenskonti (808)

| Soll | | | Haben | | |
|---|---|---|---|---|---|
| | | | | | |

### 8.4.3

Bestimmen Sie

a) mit welchem Datum die Skontofrist abläuft

| T | T | M | M | J | J | J | J |
|---|---|---|---|---|---|---|---|
| | | | | | | | |

b) mit welchem Datum die Aufbewahrungsfrist des Beleges abläuft

| T | T | M | M | J | J | J | J |
|---|---|---|---|---|---|---|---|
| | | | | | | | |

### 8.4.4

Prüfen Sie, welche **beiden** der folgenden Inhalte **nicht** zu den Pflichtangaben jeder Ausgangsrechnung in der Bürowelt GmbH zählen.

1. Das nach Steuersätzen und Steuerbefreiungen aufgeschlüsselte Entgelt
2. Stammkapital
3. Vollständiger Name und vollständige Anschrift des leistenden Unternehmens und des Leistungsempfängers in Verbindung mit der Angabe des entsprechenden Steuersatzes
4. Rechnungsnummer, die der Identifizierung der Rechnung dient und einmalig vom Aussteller vergeben wird
5. Leistungszeitpunkt des Geldschuldners
6. Ausstellungsdatum

Tragen Sie die entsprechenden Kennziffern in die Lösungskästchen ein.

## Aufgabe 8.5

**Zur Markteinführung der neuen Warengruppe plant die Bürowelt GmbH die Verpflichtung von einem Handelsvertreter oder von einem zusätzlichen Handlungsreisenden.**

**Sie sollen die Verfahrensentscheidung unter Auswertung folgender Informationen vorbereiten:**

**Der Handelsvertreter erhält 6 % Umsatzprovision.**

**Der Handlungsreisende verursacht monatlich**
- **ein Fixum von 1.800,00 EUR**
- **Reisespesen in Höhe von 500,00 EUR**
- **2,5 % Umsatzprovision**
- **Lohnnebenkosten in Höhe von 1.000,00 EUR**

### 8.5.1

Ermitteln Sie die Kosten, die

a) der Handelsvertreter — € ____ , __

b) der Handlungsreisende — € ____ , __

bei einem Umsatz von 100.000,00 EUR verursachen.

### 8.5.2

Bei welchem Monatsumsatz sind die Kosten beider Absatzmittler gleich hoch (auf volle EUR kfm. runden)? — € _____ , __

### 8.5.3

Welchen Umsatz müsste ein Handelsvertreter vermitteln, um ein Monatseinkommen von 7.500,00 EUR brutto zu erzielen? — € ______ , __

## Aufgabe 8.6

**Bestimmen Sie, in welchen der Spalten 1 bis 6 der Abgrenzungsrechnung lt. folgender Grafik die unten stehenden Sachverhalte der Bürowelt GmbH erfasst werden:**

| Abgrenzungsrechnung / Aufwands- und Ertragspositionen | I Werte der Finanzbuchhaltung | | II Abgrenzungsrechnung und kostenrechnerische Korrekturen | | III Kosten- und Leistungsarten | |
|---|---|---|---|---|---|---|
| | **1** | **2** | **3** | **4** | **5** | **6** |
| Bezeichnung | Aufwendungen | Erträge | betriebsfremde, betr. a. o. Aufwendungen | betriebsfremde, betr. a. o. Erträge, verrechnete kalkulatorische Kosten | Kosten | Leistungen |
| | | | | | | |

Tragen Sie die Ziffern der zutreffenden Spalten in die Kästchen neben den Sachverhalten ein.

| Sachverhalte | | Spalten |
|---|---|---|
| a) Umsatzerlöse/Warenverkäufe | 72.000 TEUR | |
| b) Wareneinsatz | 42.000 TEUR | |
| c) Bilanzmäßige Abschreibung | 1.600 TEUR | |
| d) Instandhaltung vermieteter Gebäudeteile | 1.050 TEUR | |
| e) Kalkulatorische Abschreibung | 1.200 TEUR | |
| f) Mieterträge aus vermieteten Gebäudeteilen | 1.500 TEUR | |
| g) Warenverderb | 700 TEUR | |
| h) Löhne/Gehälter | 4.000 TEUR | |

## Aufgabe 8.7

**Von einem Lieferer von Verbrauchsmaterialien wird der Kugelschreiber Magic, Feinstrichmine, zum Frei-Haus-Preis von 480 € für einen Karton à 1.000 Stück bezogen.**

**Im Rahmen der Verkaufskalkulation sind die Einzelzuschläge der Warengruppe „Verbrauchsmaterialien" zugrunde zu legen:**

| | |
|---|---|
| **Gewinnzuschlag:** | **12,5 %** |
| **Handlungskosten:** | **40 %** |
| **Kundenskonto:** | **2 %** |
| **Kundenrabatt:** | **25 %** |

### 8.7.1

Ermitteln Sie mithilfe der Zuschlagskalkulation in der Vollkostenrechnung

a) den Selbstkostenpreis € ___ , ___

b) den Barverkaufspreis € ___ , ___

c) den Zielverkaufspreis € ___ , ___

d) den Listenverkaufspreis € ___ , ___

### 8.7.2

Weil die Handlungskosten zu 75 % aus fixen und nur zu 25 % aus variablen Kosten bestehen, wünscht die Marketingabteilung zur Verbesserung der Verkaufsstrategie auch die Ermittlung

a) der variablen Kosten pro Karton € ___ , ___

b) des Deckungsbeitrages (db) € ___ , ___

c) der kurzfristigen Preisuntergrenze € ___ , ___

## Aufgabe 8.8

**Die Bürowelt GmbH hat Forderungen a. LL von 450.000,00 EUR mit einem durchschnittlichen Zahlungsziel von 30 Tagen.**

**Um die Liquidität kurzfristig zu verbessern, empfiehlt der Controller dem Geschäftsführer den Verkauf dieser Forderungen an eine Factoring-Bank.**

**Von dieser liegt folgendes Angebot vor:**

**12 % Bevorschussungszinsen p. a. von den Forderungen**

**3 % Dienstleistungs- und Delkredereprovision vom Forderungsbetrag**

Ermitteln Sie

a) die Bevorschussungszinsen €

b) die Dienstleistungs- und Delkredereprovision €

c) die Kosten, die die Factoring-Bank in Rechnung stellen wird €

d) den bevorschussten Betrag der Factoring-Bank €

e) welchem Effektivzinssatz die Gesamtkosten der Factoring-Bank entsprechen %

 

# Aufgabenblock 9

9

# Aufgabenblock 9.1 – 9.10

## Bearbeitungshinweise

Der Aufgabenblock konfrontiert Sie mit einem Messinstrument der Wirkung von Preissenkungen und mit Kennzahlen zur Finanz- und Leistungsanalyse, bevor Sie unterschiedliche Belege zur Buchung und umsatzsteuerlichen Auswertung bearbeiten müssen. Danach sind Fragen des Jahresabschlusses (Bewertung, Einzelergebnisse der Gewinn- und Verlustrechnung nach HGB) zu bearbeiten. Mithilfe der Zuschlagskalkulation und Deckungsbeitragsrechnung erschließen Sie Preisinformationen für das Marketing und führen Sie eine Break-even-Analyse zu einem Artikel der Bürowelt GmbH durch. Letztlich stehen hier Probleme der Gehaltsabrechnung und der Auswertung der Warenkonten zur Wirtschaftlichkeitsanalyse an.

Insgesamt sind in den 10 Aufgaben des Aufgabenblocks 9 in **180 Minuten ca. 95 Teilaufgaben** zu bearbeiten.

Wenn zur Bearbeitung der Aufgabe **Belege** gefordert sind, ist dies in der Aufgabenstellung angegeben. Die entsprechenden Belege finden Sie in der **Anlage.**

## Aufgabe 9.1

**Die Bürowelt GmbH hat den Verkaufspreis für den 5.000 Blatt-Karton „Laserjet Papier 80 g" bei einem bisherigen Monatsabsatz von 2.500 Stück von 36,00 € auf 29,88 € herabgesetzt. Danach stieg der durchschnittliche Monatsabsatz auf 3.150 Stück.**

Ermitteln Sie

a) die Preissenkung %

b) die Absatzsteigerung %

c) die Preiselastizität der Nachfrage

d) den durchschnittlichen Umsatz vor der Preissenkung €

e) den durchschnittlichen Umsatz nach der Preissenkung €

f) die Umsatzsteigerung %

## Aufgabe 9.2

**Der Controller der Bürowelt GmbH ermittelte zum Jahresabschluss folgende zusammengefasste Werte in TEUR. Das Ergebnis wurde mit 120 Mitarbeitern/Mitarbeiterinnen auf einer Verkaufsfläche von 40.000 m² erwirtschaftet.**

| S | | **930 GuV** | H |
|---|---|---|---|
| 301 Aufwendungen für Waren | 45.875 | 801 Warenverkauf | 77.070 |
| 400 – 490 Kostenarten | 20.185 | | |

| S | | **940 Schlussbilanz** | H |
|---|---|---|---|
| **Anlagevermögen** | 32.000 | **Eigenkapital** | |
| **Umlaufvermögen** | 18.000[1] | Gezeichnetes Kapital | 13.000 |
| | | Gewinnrücklagen | 5.000 |
| | | Gewinn/Jahresüberschuss | 11.010 |
| | | **Schulden**[2] | 20.990 |

[1] davon 1.600 liquide Mittel

[2] davon 3.850 kurzfristige Schulden

### 9.2.1

Aufgrund dieser Ergebnisse sollen Sie für einen Vergleich mit den Vorjahresergebnissen folgende Kennzahlen errechnen (auf zwei Nachkommastellen genau):

a) die Eigenkapitalquote — % [ ][ ] , [ ][ ]

b) die Barliquidität — % [ ][ ] , [ ][ ]

c) die Anlagendeckung I — % [ ][ ] , [ ][ ]

d) den Rohgewinn — TEUR [ ][ ][ ][ ][ ]

e) den durchschnittlichen Handlungskostenzuschlagssatz — % [ ][ ]

f) den erreichten Gewinnzuschlagssatz — % [ ][ ] , [ ][ ]

g) die Umsatzrentabilität — % [ ][ ] , [ ][ ]

*Fortsetzung auf der nächsten Seite*

**9.2.1**

*Fortsetzung*

h) die Eigenkapitalrentabilität (vom Anfangseigenkapital) % ,

i) Verkaufsflächenproduktivität €/m² ,

j) Mitarbeiter/innen-Produktivität €/Mitarbeiter/in ,

k) die Wirtschaftlichkeit des Gesamtbetriebes ,

**9.2.2**

Stellen Sie fest, welche der folgenden Aussagen

**1.** nur auf die Gewinn- und Verlustrechnung
**2.** nur auf die Bilanz
**3.** auf die Gewinn- und Verlustrechnung und die Bilanz
**4.** weder auf die Bilanz noch auf die Gewinn- und Verlustrechnung

zutreffen.

Tragen Sie die Kennziffern der zutreffenden Antworten in die Lösungskästchen neben den Aussagen ein.

**Aussagen**

| | |
|---|---|
| a) Es gilt die Aufbewahrungsfrist von 10 Jahren. | |
| b) … enthält Informationen über Wareneinsatz und Warenumsatz des Betriebes. | |
| c) Mittelherkunft und Mittelverwendung werden gegenübergestellt. | |
| d) … enthält Informationen über einzelne Kunden und Lieferer. | |
| e) … gibt einen groben Einblick in die Wirtschaftlichkeit des Betriebes. | |
| f) Bei der Aufstellung sind zahlreiche gesetzliche Vorschriften zu beachten. | |

 

## Aufgabe 9.3

**Die in der Anlage abgebildeten Belege 302 – 306 sind zu buchen und auszuwerten.**

### 9.3.1

**Konten zu Aufgabe 9.3.1**

1. Forderungen a. LL (101)
2. Kreditinstitute (131)
3. Vorsteuer (140)
4. Kasse (151)
5. Verbindlichkeiten a. LL (171)
6. Energie, Brennstoffe (430)
7. Betriebskosten, Instandhaltung (470)
8. Porto, Telefon, Telefax (482)
9. Kosten der Datenverarbeitung (483)

Bilden Sie mithilfe der oben stehenden Konten die Buchungssätze.

Tragen Sie dazu die Kennziffern vor den zutreffenden Konten (**nicht** die Kontennummern!) getrennt nach Soll und Haben in die T-Konten ein.

a) zu Beleg 302 in Verbindung mit Beleg 303 — Soll | Haben

b) zu Beleg 304 — Soll | Haben

c) zu Beleg 305 — Soll | Haben

d) zu Beleg 306 — Soll | Haben

### 9.3.2

Ermitteln Sie

a) aus Beleg 302 den Umsatzsteueranteil — € ,

b) aus den Belegen 302 – 306 die Summe der absetzbaren Vorsteuer — € ,

## Aufgabe 9.4

**Ihnen liegt der in der Anlage abgebildete Kontoauszug vor.**

### 9.4.1

**Konten zu Aufgabe 9.4.1 a) und b)**

1. Forderungen a. LL (101)
2. Kreditinstitute (131)
3. Vorsteuer (140)
4. Verbindlichkeiten a. LL (171)
5. Umsatzsteuer (180)
6. Liefererskonti (308)
7. Kundenskonti (808)

Bilden Sie mithilfe der oben angebenen Konten die Buchungssätze zu den Geschäftsfällen lt. Kontoauszug.

| Soll | | | Haben | | |
|---|---|---|---|---|---|
| | | | | | |

a) Position 1: Spies & Co. KG (Nettobuchung)

| Soll | Haben |
|---|---|
| | |

b) Position 2: Finanzamt Köln

**Konten zu Aufgabe 9.4.1 c) und d)**

1. Aktive Rechnungsabgrenzung (091)
2. Passive Rechnungsabgrenzung (093)
3. Sonstige Forderungen (113)
4. Kreditinstitute (131)
5. Zinsaufwendungen (210)
6. Zinsen und ähnliche Erträge (260)
7. Versicherungen (426)
8. Kosten des Geldverkehrs (486)

Bilden Sie mithilfe der oben angegebenen Konten die Buchungssätze zu den Geschäftsfällen lt. Kontoauszug.

c) Position 3: Leonia Versicherung, Zahlung der Jahresprämie unter Berücksichtigung der zeitlichen Abgrenzung

| Soll | | Haben | |
|---|---|---|---|
| | | | |

d) Position 4 Zinserträge:

| Soll | Haben |
|---|---|
| | |

Kontokosten und Zinsaufwand:

| Soll | | Haben | |
|---|---|---|---|
| | | | |

**9.4.2**

Ermitteln Sie

a) zu Position 1

aa) den Rechnungsbetrag — € ____,__

ab) den Umsatzsteuerkorrekturbetrag aufgrund der Skontozahlung — € ____,__

b) zu Position 3 den abzugrenzenden Betrag — € ____,__

## Aufgabe 9.5

**Ermitteln Sie aus nachstehenden Angaben in TEUR aus der GuV-Rechnung der Bürowelt GmbH gemäß § 275 Abs. 2 HGB (siehe Gesetzestext in der Anlage):**

a) das Rohergebnis — TEUR

b) das betriebliche Ergebnis — TEUR

c) das Finanzergebnis — +/– TEUR

d) das Ergebnis der gewöhnlichen Geschäftstätigkeit — TEUR

e) das außerordentliche Ergebnis — TEUR

f) den Jahresüberschuss — TEUR

| Angaben | TEUR |
|---|---|
| Umsatzerlöse/Warenverkauf | 59.250 |
| Sonstige betriebliche Erträge | 1.750 |
| Wareneinsatz | 24.500 |
| Personalaufwand | 4.500 |
| Abschreibungen | 3.500 |
| Sonstige betriebliche Aufwendungen | 11.800 |
| Zinserträge | 2.400 |
| Zinsaufwendungen | 3.800 |
| außerordentliche Aufwendungen | 5.400 |
| außerordentliche Erträge | 7.900 |
| Körperschaftsteuer | 5.300 |
| Kapitalertragsteuer | 2.000 |

## Aufgabe 9.6

**Die Bürowelt GmbH beschafft die unten stehenden Artikel bei einem Hersteller, der Büromöbelfabrik AG in Bielefeld. Alle Artikel dieses Herstellers sollen mit denselben Kalkulationszuschlagssätzen kalkuliert werden.**

| **Warengruppe 1: Büromöbel** | | | | | | **Bürowelt GmbH** | |
|---|---|---|---|---|---|---|---|
| **Artikel** | **Art. Nr.** | **Bezugspreis in €** | **Handlungskostenzuschlagssatz in %** | **Gewinnzuschlag in %** | **Kundenskonto in %** | **Verkaufsprovision in %** | **Kundenrabatt in %** |
| Schultisch „Ergomo" | 32581 | 178,00 | 40 | 25 | 2 | 3 | 25 |
| Drehstuhl „Rektor" | 32712 | 148,00 | 40 | 25 | 2 | 3 | 25 |
| Schreibtisch „Direx" | 32910 | 358,00 | 40 | 25 | 2 | 3 | 25 |

**9.6.1**

Führen Sie für den Schultisch „Ergomo" aus der Sicht der Bürowelt GmbH die Kalkulation durch.

Ermitteln Sie dazu

a) den Selbstkostenpreis — € ___,__

b) den Barverkaufspreis — € ___,__

c) den Zielverkaufspreis — € ___,__

d) den Listenverkaufspreis — € ___,__

**9.6.2**

Aus der Kalkulation mit Einzelzuschlägen sollen für das Marketing Zuschläge zur Vereinfachung der Kalkulation und zur Verbesserung der Verhandlungsstrategien abgeleitet werden.

Berechnen Sie

a) den Kalkulationszuschlagssatz — % ___,__

b) den Kalkulationsfaktor (auf 5 Nachkommastellen) — _,_____

*Fortsetzung auf der nächsten Seite*

**9.6.2**

*Fortsetzung*

c) die Handelsspanne — % ,

d) den Deckungsbeitrag
(die Handlungskosten sind zu 100 % fixe Kosten) — € ,

e) den Deckungsbeitrag in Prozent des Barverkaufspreises — % ,

## Aufgabe 9.7

**Im Rahmen der Bewertung der Inventur sollen Sie festlegen, mit welchem Wert die folgenden Wirtschaftsgüter zum Bilanzstichtag (31.12.) anzusetzen sind:**

a) Warengruppe Büromöbel: **8 Stück Schreibtisch** „Präsident"

Anschaffungskosten/Bezugspreis vom 25.11.d. J.: ..... 398,00 EUR

Verkaufspreis frei Haus ............................................. 636,80 EUR

Angebotspreis lt. neuer Liste für das Folgejahr .......... 418,00 EUR — € ,

b) Warengruppe Verbrauchsmaterial

**6.000 Pakete Laser- und Kopierpapier** 500 Bl/DIN A4, 80 g, X-Offit

Bezugspreis vom 14.12. d. J. ......................................... 1,68 EUR

Verkaufspreis, netto ....................................................... 2,10 EUR

Angebotspreis lt. aktueller Januarliste ............................ 1,48 EUR — € ,

c) **4 Personalcomputer** im Lohnbüro

Anschaffungskosten eines PC am 20.04.
des Vorjahres ....................................................... 1.200,00 EUR

Nutzungsdauer 3 Jahre, lineare Abschreibung — € ,

d) **Lagersteuerungsanlage**, Anschaffungskosten 480.000,00 EUR
am 06.01. d. J., im betriebsbereiten Zustand am 05.07. d. J.

Nutzungsdauer 16 Jahre, lineare Abschreibung — € ,

e) **Verbindlichkeit** a. LL gegenüber einem US-amerikanischen
Lieferer von Personalcomputern und Laserdruckern: 112.000 USD

Kurs am 12.11. bei Rechnungserteilung: 1 EUR = 1,30 USD

Kurs am 31.12. am Bilanzstichtag: 1 EUR = 1,38 USD — € ,

## Aufgabe 9.8

**Für die Mitarbeiterin Isabelle Wolf, 28 Jahre, verh., 2 Kinder, Steuerklasse III/2, ist die Gehaltsabrechnung für den Monat Dezember durchzuführen.**

**Sie erhält ein Bruttogehalt von 2.885,00 EUR.**

**Nutzen Sie für die Berechnung der Abzüge für das Finanzamt den in der Anlage abgebildeten Auszug aus der Abzugstabelle.**

### 9.8.1

Ermitteln Sie die einzubehaltenden Abzüge für das Finanzamt

a) Lohnsteuer € ___,__

b) Solidaritätszuschlag € _,__

c) Kirchensteuer € _,__

d) die Summe der Abzüge für das Finanzamt € ___,__

### 9.8.2

Ermitteln Sie den Arbeitnehmeranteil zur Sozialversicherung mithilfe der angebenen Gesamt-Beitragssätze

a) Krankenversicherung: Beitragssatz 14,6 % (+ 0,9 % AN-Alleinbeitrag) € ___,__

b) Rentenversicherung: Beitragssatz 18,9 % € ___,__

c) Arbeitslosenversicherung: Beitragssatz 3,0 % € __,__

d) Pflegeversicherung: Beitragssatz 2,05 % € __,__

e) den Arbeitnehmeranteil insgesamt € ___,__

### 9.8.3

Ermitteln Sie die gesetzlichen Abzüge vom Gehalt des Arbeitnehmers insgesamt in Prozent (auf eine Nachkommastelle) % __,_

**9.8.4**

Ermitteln Sie den Arbeitgeberanteil zur Sozialversicherung

€ ,

**9.8.5**

Ermitteln Sie den Gesamtaufwand des Unternehmens im Monat Dezember aufgrund dieser Gehaltszahlung

€ ,

## Aufgabe 9.9

**Folgende Warenkonten mit Werten in TEUR sind abzuschließen und zusammen mit den Handlungskosten lt. Gewinn- und Verlustkonto auszuwerten:**

| S | 301 Wareneingang | | H |
|---|---|---|---|
| 171 | 37.299 | | |

| S | 302 Warenbezugskosten | | H |
|---|---|---|---|
| 171 | 504 | | |

| S | 306 Nachlässe von Lieferern | | H |
|---|---|---|---|
| | | 171 | 216 |

| S | 307 Liefererboni | | H |
|---|---|---|---|
| | | 171 | 903 |

| S | 308 Liefererskonti | | H |
|---|---|---|---|
| | | 171 | 684 |

| S | 390 Warenbestände | | H |
|---|---|---|---|
| 910 EBK | 1.800 | 940 | 2.600 |

| S | 801 Warenverkäufe/Umsatzerlöse | | H |
|---|---|---|---|
| | | 101 | 68.406 |

| S | 806 Nachlässe | | H |
|---|---|---|---|
| 101 | 255 | | |

| S | 807 Kundenboni | | H |
|---|---|---|---|
| 101 | 1.240 | | |

| S | 808 Kundenskonti | | H |
|---|---|---|---|
| 101 | 845 | | |

| S | 930 Gewinn und Verlust | | H |
|---|---|---|---|
| Personalkosten | 4.386 | | |
| Energie | 42 | | |
| Provisionen | 1.980 | | |
| Kosten der Warenabgabe | 1.600 | | |
| Betriebskosten/ Instandhaltung | 275 | | |
| Allg. Verwaltung | 517 | | |

*Fortsetzung auf der nächsten Seite*

 

**9.9.1**

Ermitteln Sie in TEUR

a) den Wareneinsatz — TEUR

b) den Warenumsatz — TEUR

c) den Rohgewinn — TEUR

d) den Reingewinn — TEUR

e) den durchschnittlichen Handlungskostenzuschlagssatz — %

f) den erwirtschafteten Gewinnzuschlagssatz — % ,

g) den durchschnittlichen Kalkulationsfaktor — ,

h) den durchschnittlichen Lagerbestand — TEUR

i) die Lagerumschlagshäufigkeit — mal

j) die durchschnittliche Lagerdauer — Tage ,

k) den Lagerzinssatz (bei 9 % Fremdkapitalzinsen) (auf 4 Nachkommastellen) — % ,

l) die Umsatzrentabilität — % ,

## 9.9.2

**Konten zu Aufgabe 9.9.2**

1. Eigenkapital (060)
2. Wareneingang (301)
3. Warenbezugskosten (302)
4. Warenbestände (390)
5. Warenverkauf (801)
6. Kundenskonti (808)
7. Gewinn und Verlust (930)
8. Schlussbilanzkonto (940)

Bilden Sie mithilfe der oben angegebenen Konten der Bürowelt GmbH die Buchungssätze

a) zur Erfassung der Warenbestandsveränderung — Soll | Haben

b) zum Abschluss des Kontos 302 Warenbezugskosten — Soll | Haben

c) zum Abschluss des Kontos 808 Kundenskonti — Soll | Haben

d) zum Abschluss des Kontos 301 Wareneingang — Soll | Haben

e) zum Abschluss des Kontos 801 Warenverkauf — Soll | Haben

f) zum Abschluss des Kontos 390 Warenbestände — Soll | Haben

g) zum Abschluss des Kontos 930 Gewinn und Verlust — Soll | Haben

 

## Aufgabe 9.10

**In der Bürowelt GmbH wurden im letzten Jahr 8.400 Stück des Schultisches „Ergomo" verkauft und folgendes Ergebnis erzielt:**

| | EUR |
|---|---|
| Umsatzerlöse | 2.167.200 |
| Wareneinsatz | 1.008.000 |
| Variable Handlungskosten | 235.200 |
| Fixe Handlungskosten | 203.500 |

Ermitteln Sie

a) den Verkaufspreis je Stück — € ___,__

b) die variablen Stückkosten — € ___,__

c) den Stückdeckungsbeitrag — € ___,__

d) den Gewinn des Artikels im letzten Jahr — € ______,__

e) die Gewinnschwellenmenge — Stück ____

f) Kosten und Umsatz am Break-even-Point — € ______,__

g) die kurzfristige Preisuntergrenze — € ___,__

# Ihre Notizen

10

# Aufgabenblock 10

## Bearbeitungshinweise

Der Aufgabenblock 10 enthält Aufgaben aus allen Bereichen des Rechnungswesens und verlangt von Ihnen deshalb ein schnelles Umstellen und Einstellen auf neue Situationen. Diese Flexibilität und geistige Mobilität wird auch in der Prüfung verlangt. Zur optimalen Nutzung der Prüfungszeit möchte der Prüfungstrainer Ihnen daher noch einmal wichtige Tipps mit auf den Weg geben:

1. Überschlagen Sie den Inhalt des Prüfungsbogens.
2. Kennzeichnen Sie die Aufgaben, deren Lösung Sie beherrschen.
3. Bearbeiten Sie diese Aufgaben mit hohem Bekanntheitsgrad und übertragen Sie die Lösungen sofort auf den Lösungsbogen.
4. Gehen Sie dann an Aufgaben, die Ihnen zunächst schwierig erscheinen; lösen Sie auch hier die bekannten Teilaufgaben zuerst. Auf diese Weise bleibt Ihnen dann relativ viel Zeit für noch nicht gelöste Aufgaben und Sie bauen innere Ruhe und Sicherheit auf.
5. Lassen Sie kein Lösungsfeld leer, auch wenn Sie Ihrer Sache nicht sicher sind. Denken Sie daran, dass bei der Bewertung Folgefehler berücksichtigt werden.
6. Nutzen Sie die volle Zeit zum nochmaligen Überprüfen Ihrer Ergebnisse. Ändern Sie jedoch nicht sofort, wenn Sie ein abweichendes Ergebnis finden. Spielen Sie dann die Lösung noch einmal durch.

Nun zu den Inhalten im Detail, zu denen Sie sich auch wieder Strukturen erarbeiten sollten:

1. Belegbearbeitung
2. Buchhalterische, umsatzsteuerliche und kalkulatorische Auswertung von Belegen des Kerngeschäftes: Buchung von Belegen, Ermittlung der absetzbaren Vorsteuer und der Umsatzsteuer unter Berücksichtigung von Rücksendungen, Gutschriften, Boni und Skonti. Auswertung der Beleginhalte zur Ermittlung des Bezugspreises bzw. des Verkaufspreises.
3. Probleme der zeitlichen Rechnungsabgrenzung
4. Sachliche Abgrenzung in der Abgrenzungsrechnung
5. Auswertung der buchhalterischen Daten zum Warengeschäft unter Berücksichtigung von Umbuchungen und Abschlussbuchungen
6. Entscheidungen bei der Auftragsannahme mithilfe der Deckungsbeitragsrechnung
7. Gehaltsabrechnung mit vorgegebenen Abzügen in Prozent
8. Ermittlung und Buchung der Anschaffungskosten, Abschreibungen und Ansatz kalkulatorischer Kosten am Beispiel der Abschreibung

Insgesamt haben Sie in diesem Aufgabenblock **ca. 80 Teilaufgaben** in **180 Minuten** zu bearbeiten.

# Aufgabenblock 10.1 – 10.8

## Aufgabe 10.1

**Ihnen liegt der in der Anlage abgebildete Beleg vor.**

### 10.1.1

Bei der Bearbeitung dieses Beleges fallen folgende Tätigkeiten an. Bringen Sie diese Tätigkeiten mit den Ziffern 1 bis 6 in die sachlich richtige Reihenfolge:

**Tätigkeiten**

| | |
|---|---|
| a) Mit Eingangsstempel versehen | |
| b) Ablage des Belegs | |
| c) Öffnen der Eingangspost | |
| d) Weitergabe an die Abteilung „Wareneinkauf“ | |
| e) Sachliche und rechnerische Prüfung | |
| f) Erfassung im Warenwirtschaftssystem mit integrierter Buchung | |

### 10.1.2

Bei welchen der bei der Erstellung dieses Beleges benutzten und unten angegebenen Daten handelt es sich um

**1.** alpha-numerische Stammdaten
**2.** numerische Stammdaten
**3.** alpha-numerische Bewegungsdaten
**4.** numerische Bewegungsdaten

**Daten**

| | |
|---|---|
| a) Berechnete Menge | |
| b) Rechnungsnummer | |
| c) USt-IDNr. | |
| d) Artikelnummer | |

### 10.1.3

Kontieren Sie den Beleg mithilfe der folgenden Konten vor:

**Konten zu Aufgabe 10.1.3**

1. Forderungen a. LL (101)
2. Kreditinstitute (131)
3. Vorsteuer (140)
4. Verbindlichkeiten a. LL (171)
5. Umsatzsteuer (180)
6. Wareneingang (301)
7. Warenverkauf (801)

Soll | Haben

### 10.1.4

Sie sollen prüfen, ob die Rechnung unter Abzug von Skonto bezahlt werden soll, obwohl ein Kontokorrentkredit zu 10 % Sollzinsen in Anspruch genommen werden müsste.

a) Bis zu welchem Datum müsste die Rechnung bezahlt werden? (T T M M)

b) Über welchen Betrag lautet der Skonto? (€ ,)

c) Welcher Kontokorrentkredit ist in Anspruch zu nehmen? (€ ,)

d) Wie viel Sollzinsen fallen an? (€ ,)

e) Welcher Finanzierungserfolg wird durch die Skontozahlung erzielt?
Kennzeichnen Sie das Ergebnis mit einem Pluszeichen, wenn es ein Gewinn ist und mit einem Minuszeichen, wenn es ein Verlust ist. (+/– € ,)

f) Welchem Effektivzinssatz entspricht der Skontosatz? (% ,)

## Aufgabe 10.2

**Von einer Geschäftsreise nach München brachte Herr Walter Birnbaum, Leiter der Einkaufsabteilung der Bürowelt GmbH, die in der Anlage abgebildeten Belege mit.**

### 10.2.1

**Konten zu Aufgabe 10.2.1**

1. Kreditinstitute (131)
2. Vorsteuer (140)
3. Verbindlichkeiten a. LL (171)
4. Wareneingang (301)
5. Warenbezugskosten (302)
6. Liefererskonti (308)
7. Energie, Brennstoffe (430)
8. Werbe- und Reisekosten (440)

Kontieren Sie mithilfe der oben angegebenen Konten der Bürowelt GmbH die Belege 7703 bis 7709.

a) Beleg 7703 — Soll | Haben

b) Beleg 7704 — Soll | Haben

c) Beleg 7705 in Verbindung mit Belegen 7706 und 7709 — Soll | Haben

d) Beleg 7707 in Verbindung mit Belegen 7708 und 7709 — Soll | Haben

e) Beleg 7709, Position 1: Papiermühle Augsburg — Soll | Haben

f) Beleg 7709, Position 2: Schnelltransport Wiehlhoff — Soll | Haben

### 10.2.2

Berechnen Sie

a) aus dem Beleg 7705 den Vorsteueranteil — € ___ , ___

b) aus dem Beleg 7707 den Vorsteueranteil — € ___ , ___

c) aus dem Beleg 7709, Position 1, den Vorsteuerkorrekturbetrag aufgrund der Skontozahlung — € ___ , ___

d) die absetzbare Vorsteuer aufgrund der Belege 7703 bis 7709 — € ___ , ___

e) aus den Belegen 7703, 7704 und 7709 den Bezugspreis je Einheit der beiden Kopierpapiere

ea) XERO-Copy — € ___ , ___

eb) X-Offit — € ___ , ___

f) den Listenverkaufspreis je Einheit der beiden Kopierpapiere, wenn beide eine Handelsspanne von 40 % erzielen sollen

fa) XERO-Copy — € ___ , ___

fb) X-Offit — € ___ , ___

## Aufgabe 10.3

**A)** Stellen Sie fest, ob folgende Geschäftsfälle zum Bilanzstichtag

**1.** eine aktive Rechnungsabgrenzung,
**2.** eine passive Rechnungsabgrenzung,
**3.** eine Sonstige Forderung,
**4.** eine Sonstige Verbindlichkeit,
**5.** eine Rückstellung

hervorrufen.

Tragen Sie die Kennziffern der zutreffenden Antworten in das Lösungsfeld A ein.

**B)** Ermitteln Sie jeweils den abzugrenzenden Betrag und tragen Sie diesen in das Lösungsfeld B ein.

| | A | B |
|---|---|---|
| a) Am 01.12. ging die Miete für die Pförtnerwohnung über 2.550,00 EUR für die Monate Dezember, Januar und Februar vertragsgemäß im Voraus auf das Bankkonto ein. | | € ____ , __ |
| b) Ein Kunde hat die Zinsen (6 %) für ein Darlehen in Höhe von 40.000,00 EUR halbjährlich nachträglich zu zahlen und zwar am 30.04. und 31.10. Die letzte Zahlung erfolgte am 31.10. | | € ___ , __ |
| c) Eine Dachreparatur wird aus Witterungs-gründen vom Dezember auf Januar verschoben. Es liegt ein Kostenvoranschlag von 16.660,00 EUR einschließlich 19 % Umsatzsteuer vor. | | € _____ , __ |
| d) Für ein aufgenommenes Hypothekendarlehen in Höhe von 75.000,00 EUR sind die Zinsen von 8 % jährlich nachträglich am 01.05. zu zahlen. | | € ____ , __ |
| e) Am 27.12. wurde das Januarabonnement für eine Fachzeitschrift im Werte von 27,00 EUR + 7 % Umsatzsteuer durch Banküberweisung bezahlt. | | € __ , __ |

## Aufgabe 10.4

**A)** Welche der unten stehenden Aufwendungen der Bürowelt GmbH sind

**1.** betriebsfremde Aufwendungen
**2.** betrieblich außerordentliche Aufwendungen
**3.** Grundkosten
**4.** Zusatzkosten/Anderskosten

Tragen Sie die Kennziffern der zutreffenden Antworten in das Lösungsfeld unter A ein.

**B)** Welche dieser Aufwendungen sind

**1.** variable Kosten
**2.** fixe Kosten
**3.** keine Kosten

Tragen Sie die Kennziffern der zutreffenden Antworten in das Lösungsfeld unter B ein.

| **Aufwendungen** | **A** | **B** |
|---|---|---|
| a) Kfz-Steuer für Lieferwagen | ☐ | ☐ |
| b) Wareneinsatz | ☐ | ☐ |
| c) Umsatzprovision für die Reisenden | ☐ | ☐ |
| d) Reparaturen an vermieteten Lagerhäusern | ☐ | ☐ |
| e) Aufwendungen für Transportverpackungen zum Warenversand an Kunden | ☐ | ☐ |
| f) Tarifgehälter der Angestellten | ☐ | ☐ |
| g) Kalkulatorische Abschreibungen | ☐ | ☐ |
| h) Unfallschaden an einem Lkw | ☐ | ☐ |

## Aufgabe 10.5

**Die Bürowelt GmbH ermittelte für das abgelaufene Geschäftsjahr folgende Werte in EUR:**

| | Soll | Haben |
|---|---|---|
| 140 Vorsteuer | 6.034.500 | 5.686.200 |
| 180 Umsatzsteuer | 8.748.000 | 9.728.100 |
| 301 Wareneingang | 33.704.100 | |
| 302 Warenbezugskosten | 4.254.525 | |
| 306 Nachlässe von Lieferern | | 1.022.625 |
| 390 Warenbestände | 2.187.000 | |
| 801 Warenverkauf/ Umsatzerlöse | | 60.835.860 |
| 806 Nachlässe an Kunden | 693.360 | |

**Warenendbestand lt. Inventur:** 2.673.000 €

### 10.5.1

Ermitteln Sie aus den oben stehenden Angaben

a) die Nettoeinkäufe des Geschäftsjahres €

b) den Wareneinsatz der Rechnungsperiode €

c) den Nettoumsatz der Rechnungsperiode €

d) den Rohgewinn der Rechnungsperiode €

e) den durchschnittlichen Kalkulationszuschlagssatz %

f) die Umsatzsteuerzahllast €

### 10.5.2

**Konten zu Aufgabe 10.5.2**

1. Vorsteuer (140)
2. Umsatzsteuer (180)
3. Wareneingang (301)
4. Warenbezugskosten (302)
5. Nachlässe von Lieferern (306)
6. Warenbestände (390)
7. Warenverkauf (801)
8. Nachlässe an Kunden (806)

Bilden Sie mithilfe der oben angegebenen Konten der Bürowelt GmbH die Buchungssätze zu folgenden Umbuchungen:

| | Soll | Haben |
|---|---|---|
| a) Bestandsveränderungen | | |
| b) Vorsteuer | | |
| c) Warenbezugskosten | | |
| d) Nachlässe von Lieferern | | |
| e) Nachlässe an Kunden | | |

### 10.5.3

**Konten zu Aufgabe 10.5.3**

1. Forderungen a. LL (101)
2. Verbindlichkeiten a. LL (171)
3. Wareneingang (301)
4. Warenbestände (390)
5. Warenverkauf (801)
6. Gewinn und Verlust (930)
7. Schlussbilanzkonto (940)

Bilden Sie mithilfe der oben angegebenen Konten die Buchungssätze zum Abschluss folgender Konten:

a) Wareneingang — Soll | Haben

b) Warenverkauf — Soll | Haben

c) Warenbestände — Soll | Haben

## Aufgabe 10.6

### 10.6.1

Die Bürowelt GmbH verkaufte im letzten Geschäftsjahr 10.800 Stück des „Bürodrehstuhls, der mitdenkt" zum Listenverkaufspreis von 298,00 EUR/Stück.

Die Kunden haben durchschnittlich 8 % Rabatt und 2 % Skonto in Anspruch genommen.

Beim Einkauf zum Listenpreis von 160,00 EUR konnten wegen der hohen Absatzmenge 10 % Rabatt und wegen vorzeitiger Bezahlung 2,5 % Skonto genutzt werden. Der Lieferer ist bei Abnahmemengen ab 50 Stück zur Frei-Haus-Lieferung per Strecke bereit.

Ermitteln Sie aufgrund dieser Daten

a) den Barverkaufspreis — €

b) den Bezugspreis — €

c) den Stückdeckungsbeitrag — €

d) den Gesamtdeckungsbeitrag des Bürodrehstuhls im letzten Geschäftsjahr — €

### 10.6.2

In dieser Situation sollen Sie darüber entscheiden, ob ein Auftrag des Schulamtes der Stadt Köln angenommen werden soll. Das Schulamt möchte für die Einrichtung von PC-Klassenräumen in allen Berufskollegs 1.200 Stück abnehmen, allerdings zum Barverkaufspreis von 201,51 EUR.

Ermitteln Sie zur Vorbereitung Ihrer Entscheidung, ob der Auftrag des Schulamtes angenommen werden soll,

a) die kurzfristige Preisuntergrenze — € ☐☐☐,☐☐

b) den Sonderrabatt in Prozent auf den angebotenen Barverkaufspreis, den die Stadt Köln eingeräumt haben möchte — % ☐☐

c) den Gesamtdeckungsbeitrag aus dem Geschäft mit der Stadt Köln — € ☐☐☐☐☐,☐☐

## Aufgabe 10.7

**Ihnen liegen die in der Anlage abgebildeten Belege vor.**

### 10.7.1

**Konten zu Aufgabe 10.7.1**

1. Technische Anlagen und Maschinen (031)
2. Forderungen a. LL (101)
3. Kreditinstitute (131)
4. Vorsteuer (140)
5. Verbindlichkeiten a. LL (171)
6. Umsatzsteuer (180)
7. Liefererskonti (308)
8. Kundenskonti (808)

Bilden Sie mithilfe der oben angegebenen Konten der Bürowelt GmbH die Buchungssätze zu den beiden Belegen.

a) Beleg 1 — Soll ☐☐ | Haben ☐☐

b) Beleg 2 — Soll ☐☐☐ | Haben ☐☐☐

### 10.7.2

Ermitteln Sie

a) die Anschaffungskosten der Lagersteuerungsanlage — € ______ , ____

b) die absetzbare Vorsteuer aus beiden Belegen — € ______ , ____

c) ausgehend von einer Nutzungsdauer von 16 Jahren, den zeitgenauen planmäßigen Abschreibungsbetrag für das Anschaffungsjahr. Runden Sie ggf. auf 2 Stellen nach dem Komma. — € ______ , ____

d) Ermitteln Sie den Buchwert der Lagersteuerungsanlage zum 31.12. des Anschaffungsjahres. — € ______ , ____

### 10.7.3

In der Kosten- und Leistungsrechnung ist zur Ermittlung der kalkulatorischen Abschreibung von einer betriebsindividuellen Nutzungsdauer von 20 Jahren und von Wiederbeschaffungskosten von 125.000,00 € auszugehen.

a) Ermitteln Sie den Betrag der kalkulatorischen Abschreibung dieser Anlage im Anschaffungsjahr — € ______ , ____

b) Um wie viel EUR überwiegen die Anderskosten die bilanzmäßige Abschreibung? — € ______ , ____

## Aufgabe 10.8

**Für die zum 01.02. in der Bürowelt GmbH angestellte Controllerin, Brit Gils, 32 Jahre alt, ledig, Steuerklasse I, ev., ist die Gehaltsabrechnung mithilfe der angegebenen Prozentsätze vorzunehmen.**

**Gehalt lt. Arbeitsvertrag 3.100 €, Jahressteuerfreibetrag 1.440 €**

### 10.8.1

Tragen Sie die Ergebnisse in die zutreffenden gelb unterlegten Kästchen folgender Gehaltsabrechnung ein:

| | | | |
|---|---|---|---|
| a) **Sozialversicherungspflichtiges Bruttogehalt:** | | | € |
| b) davon lohnsteuerpflichtig: | | € | |
| c) Lohnsteuer lt. Gesamtabzugstabelle: | | | € 461,33 |
| d) Solidaritätszuschlag: 5,5 % | | | € |
| e) Kirchensteuer: 9 % | | | € |
| f) Krankenversicherung: | AN-Beitrag 7,3 % + 0,9 % | | € |
| g) Rentenversicherung: | AN-Beitrag 9,45 % | | € |
| h) Arbeitslosenversicherung: | AN-Beitrag 1,5 % | | € |
| i) Pflegeversicherung: | AN-Beitrag 1,025 % + 0,25 % | | € |
| j) **Nettogehalt:** | | | € |

| | |
|---|---|
| k) Arbeitgeberanteil zur Sozialversicherung: | € |

### 10.8.2

Ermitteln Sie aus der Gehaltsabrechnung

a) den Betrag, der an das Finanzamt abzuführen ist — € ___ , ___

b) den Betrag, den die Bürowelt GmbH aufgrund dieser Gehaltszahlung der Krankenkasse schuldet — € ___ , ___

c) die vom Gehalt einbehaltenen gesetzlichen Abzüge in Prozent — % ___ , ___

d) den Gesamtpersonalaufwand der Bürowelt GmbH aufgrund dieser Gehaltszahlung — € ___ , ___